Duden

SMS
Schnell-Merk-System

Berlin
Stadtbibliothek
Berlin-Tempelhof-Schöneberg

Clever lernen

5. bis 10. Klasse

MAKULIERT!
Entwidmet aus den Beständen
der Stadtbibliothek Tempelhof-Schöneberg
W0222155

Duden Schulbuchverlag
Berlin · Mannheim · Leipzig · Wien · Zürich

Inhaltsverzeichnis

1 Organisation und Zeitmanagement

Der Mensch lernt ein Leben lang, auch wenn er sich dessen nicht immer bewusst ist. Für dich ist Lernen in der Regel mit Lernen in der und für die Schule verbunden. Das kannst du dir erleichtern, indem du es optimal organisierst. So sparst du Zeit und Mühe und hast Erfolg.

Arbeitsplatz

Zum Lernen braucht man einen vernünftigen Arbeitsplatz. Ein **fester Arbeitsplatz,** an dem man sich wohlfühlt, trägt viel zu einem positiven Lernklima bei.
Achte zunächst darauf, dass der **Schreibtisch** richtig steht. Probiere aus, was für dich am besten ist.

Schreibtisch vor der Wand, vor dem Fenster oder mit Blick auf die Zimmertür

Sorge für ausreichend **Licht.** Nutze dabei das Tageslicht (Fenster) und an Lernabenden eine gute Schreibtischlampe.

Rechtshänder: Licht von links
Linkshänder: Licht von rechts

Arbeitsfläche

Zum Lernen braucht man **Platz** und **Übersicht.** Auf den Schreibtisch gehört deshalb nur, was zum Lernen wirklich benötigt wird. Damit erspart man sich lästige Sucherei, gewinnt Zeit und kann sich besser auf das Lernen konzentrieren.
Um herauszufinden, was wichtig ist, geh folgendermaßen vor:

- Räume den Arbeitsplatz zuerst vollkommen leer und packe alles in Kartons.
- In den nächsten Tagen nimmst du nur die Sachen heraus, die du zum Lernen wirklich brauchst.
- Was nach zwei Wochen immer noch im Schulkarton ist, kannst du wegsortieren oder in den Keller stellen. Manche Dinge kannst du vielleicht sogar wegwerfen.
- Reserviere dir von nun an einmal pro Woche eine halbe Stunde, um die Arbeitsfläche aufzuräumen.

Achte darauf, dass du deinen Schreibtisch nicht überlädst.

Sortiere vor und ordne die Dinge verschiedenen Kartons zu, z. B.: Schulsachen, Comics, Krimskrams.

Wenn trotz allem nicht genügend Arbeitsfläche für die regelmäßig benötigten Dinge vorhanden ist, ist der Arbeitsplatz zu klein. Die Arbeitsfläche sollte dann vergrößert werden.

zusätzliches Regal · Schubladenelement · Erweiterung der Tischplatte

Nachschlagewerke

An den Arbeitsplatz gehören wichtige Nachschlagewerke. Je nach Schulform und Fächern braucht man unterschiedliche Handbücher.
Sie sollten immer **griffbereit** sein: Wörterbücher und Lexika gehören zwischen zwei Buchstützen auf den Schreibtisch oder in ein eigenes Regalfach.

Rechtschreibduden · Fremdwörterduden · Englischwörterbuch · Jugendlexikon · Formelsammlung u. a.

Arbeitsmittel

Für optimale Ergebnisse benötigt man optimales Werkzeug:

- **Bleistifte** (1), **Bleistiftspitzer** und **Radiergummi,**
- **Lineal** und **Geodreieck** (2),
- **Füller** und **Tinte** (3),
- **Stifte** (Kugelschreiber oder Bunt- und Filzstifte), die nicht mehr funktionieren, müssen ausgetauscht werden (4).
- Weitere Utensilien wie Locher, Büroklammern, Notizzettel, Textmarker, Klebeband und Klebstoff bereithalten.

(1) spitz und nicht zu kurz
(2) ohne Scharten
(3) Ersatzpatronen bereithalten
(4) mindestens in vier verschiedenen Farben

Schriftliche Aufgaben gelingen besser mit einer festen, ebenen **Unterlage.** So werden mit dem Lineal gezogene Linien auch wirklich gerade.

Schreibtischunterlage aus Kunststoff oder aus Papier (gut für Notizen)

Ein **Papierkorb** gehört ebenfalls zu jedem Arbeitsplatz. So musst du nicht für jedes Bleistiftspitzen aufstehen und kannst Schmierzettel und Ähnliches sofort entsorgen.

separate Behältnisse für Papier und andere Abfälle

Ordnung am Arbeitsplatz

Grundsätzlich gilt: Die Ordnung und die Übersicht auf dem Schreibtisch müssen **dauerhaft** erhalten werden, damit du jederzeit konzentriert loslegen kannst. Denn: Ordnung auf dem Schreibtisch schafft Ordnung im Kopf. Wer dagegen unordentlich ist, verliert viel Zeit.

Ordnung sorgt für: Zeitersparnis · Entspannung · Überblick · klare Gedanken · Konzentration · neue Gedanken · Lernerfolg

Ordnung halten

→ Hefte und Notizen sollten in farblich getrennten **Heftordnern** abgelegt werden. Hefte, die erst in ein paar Tagen wieder dran sind, kann man im Zeitschriftensammler aufbewahren.

→ Stifte und Zeichenmaterialien, die du nicht in deinem Mäppchen aufbewahrst, gehören in einen **Stiftständer.**

→ Schulbücher, die gerade nicht gebraucht werden, sollten so gelagert werden, dass sie dir auf dem Schreibtisch keinen Platz wegnehmen. Am besten ist ein **Regal** über dem Schreibtisch.

Lernbedingungen

Störquellen ausschalten

Wer beim Arbeiten nicht dauernd unterbrochen wird, kann effektiver lernen. Sorge dafür, dass du ungestört lernen kannst.

Bitte-nicht-stören-Schild an der Zimmertür · Anrufbeantworter · Handy ausschalten

Ob dich **Musik** stört oder beflügelt, kannst du selbst herausfinden. Beachte dabei, dass dies auch von deiner Tagesform abhängt. Geh so vor:

- Wähle eine längere Hausaufgabe aus, die deine ganze Konzentration erfordert.
- Teile die Aufgabe in zwei etwa gleich umfangreiche Hälften. Bearbeite die erste Hälfte mit Musik.
- Bearbeite nach einer kleinen Pause die zweite Hälfte der Aufgabe ohne Musik.

Matheaufgaben · Vokabellernen · Fragen zu einem Text · Gedicht auswendig lernen

CHECKLISTE: Mit oder ohne Musik lernen?

- ☐ Wie lange hast du jeweils gebraucht?
- ☐ Bei welcher Arbeitsweise hast du mehr Fehler gemacht?
- ☐ Bei welcher Arbeitsweise hast du dich wohler gefühlt?
- ☐ Entspricht das Arbeitsergebnis mit weniger Fehlern der Arbeitsweise, bei der du dich wohler gefühlt hast?

Lernzeiten und Lernplan

Es gibt Tageszeiten, zu denen man besser, und andere, zu denen man weniger gut lernen kann. Der **Biorhythmus** (die innere Uhr) jedes Menschen sorgt dafür, dass das Gehirn nicht immer auf Hochtouren läuft, sondern Ruhephasen erhält.

7 – 13 Uhr	Am Vormittag ist der Körper auf Höchstleistung eingestellt.
13 – 15 Uhr	Gleich nach dem Mittagessen braucht das Gehirn eine Pause – die beste Möglichkeit zum Abschalten ist Bewegung.
15 – 21 Uhr	Die Leistungskurve steigt wieder an. Hausaufgaben und die Vorbereitungen für Klassenarbeiten können jetzt gut erledigt werden.
21 – 7 Uhr	Gegen Abend stellt sich bei den meisten Menschen ein natürliches Schlafbedürfnis ein. Körper und Geist brauchen Erholung.

Pausen

Grundsätzlich gilt: Nach spätestens 30 Minuten Lernen sollte eine kurze Pause von fünf bis zehn Minuten gemacht werden. Danach folgt wieder eine Lernphase, wieder eine Pause usw. Nach zwei bis drei Lernphasen muss die Pause länger sein, etwa 30 Minuten. Teile deinen Lernstoff deshalb in kleinere Einheiten auf.

30 Minuten Mathematik, 5 Minuten Comic lesen/15 Minuten Mathematik und 15 Minuten Deutsch, 10 Minuten Comic lesen/20 Minuten Deutsch, Comic zu Ende lesen

Mit einem Lernplan vermeidest du, dass du an manchen Tagen nicht weißt, wie du die vielen Hausaufgaben schaffen sollst, während andere Tage reichlich Zeit bieten. Hänge den Lernplan an die Wand, so hast du alles stets im Blick.

So funktioniert dein persönlicher Lernplan

Erweitere deinen Stundenplan nach unten bis 20:00 Uhr. Trage zuerst alle festen Nachmittagstermine ein. Eine Zeile bleibt frei für Hausaufgaben oder Lernen.

Montag: Fußball · Dienstag: Musikschule · Donnerstag: Zeitungen austragen

↓

Markiere die Fächer im Stundenplan, in denen du regelmäßig Hausaufgaben erledigen musst, je mit einer eigenen Farbe. Hast du ein Fach am folgenden Tag wieder, musst du die Hausaufgabe auf jeden Fall an diesem Tag machen.

Englisch Montag und Dienstag: In die Hausaufgabenzeile für Montag wird Englisch eingetragen.

↓

Hast du das Fach erst zwei oder drei Tage später, kannst du überlegen, an welchem Tag dir die Erledigung der Hausaufgabe zeitlich am besten passt.

Erdkunde Dienstag und Freitag: Die Hausaufgabe kann Dienstag, Mittwoch oder Donnerstag erledigt werden. Dienstag ist Musikschule, Donnerstag Zeitungen austragen, die Erdkundeaufgaben gehören in die Mittwochsspalte.

Aufgepasst: Achte darauf, immer eine Reservezeit für unvorhergesehene Verzögerungen einzuplanen.

Kalender

Auf den Schreibtisch gehört auch ein Kalender. Er erleichtert eine **langfristige Planung** für zusätzliche Lerneinheiten, z. B. vor Klassenarbeiten (↑ S. 68 ff.), oder für zusätzliche Vorbereitungszeit vor Referaten oder Präsentationen.

Termine für Klassenarbeiten und andere Prüfungen eintragen

Es gibt verschiedene **Hinweise auf Klassenarbeiten.** Sie werden in der Regel jeweils zum Ende einer Unterrichtseinheit geschrieben.

Wann beginnt das nächste Kapitel im Mathematikbuch? Etwa zu dieser Zeit steht die nächste Mathematikarbeit an.

Normalerweise werden Klassenarbeiten in der ersten oder zweiten, manchmal auch in der dritten Stunde geschrieben. Ein Blick auf deinen Stundenplan verrät, welcher Tag für welches Fach am ehesten infrage kommt.
Aufgepasst: Auch Übungsarbeiten, Partnerdiktate oder Hausaufgaben, die zur Stoffwiederholung auffordern, sind deutliche Hinweise auf bevorstehende Klassenarbeiten. Trage dir mögliche Lerntermine rechtzeitig in den Kalender ein. Berücksichtige dabei auch deinen persönlichen Lernplan.

Mathe:
Dienstag 1. und 2. Stunde, Mittwoch 5. Stunde. Vermutlich fällt die Arbeit auf den Dienstag.

Lernpartner

Es gibt zahlreiche Aufgaben, die man am besten **allein** erledigen kann. Manchmal braucht man jedoch jemanden, der einem bei einer bestimmten Aufgabe hilft. Das können die Eltern oder eine **Lerngruppe** sein. Finde heraus, wer und wessen Lernstil am besten zu dir passt. Manchmal ist es sinnvoll, wenn du dir für unterschiedliche Fächer verschiedene Lernpartner suchst.
Beim Lernen und gegenseitigen Abfragen werdet ihr feststellen, dass, wer etwas erklärt, auch selbst merkt, ob er den Stoff verstanden hat.

Aufsatz schreiben · Vokabeln lernen

Ideen für einen Aufsatz sammeln · Vokabeln abfragen · Fragen zum Verständnis

CHECKLISTE: Organisation einer Lerngruppe

- ☐ Hat dein Lernpartner ungefähr den gleichen Wissensstand?
- ☐ Habt ihr das gleiche Ziel? Wollt ihr gemeinsam die Hausaufgaben in einem Fach erledigen? Oder wollt ihr die nächste Klassenarbeit vorbereiten?
- ☐ Habt ihr einen genauen Zeit- und Übungsplan festgelegt, in dem ihr eingetragen habt, wann ihr euch trefft und was ihr am jeweiligen Termin lernt?
- ☐ Kollidiert euer Zeit- und Übungsplan mit deinem persönlichen Lernplan (↑ S. 10)?
- ☐ Achtet ihr darauf, dass ihr euch beim Erklären und Fragen abwechselt?
- ☐ Habt ihr gemeinsame Regeln zum Abfragen aufgestellt (↑ S. 55)?

Wissenslücken schließen

Es gibt zahlreiche Gründe, die zu der einen oder anderen Wissenslücke führen. Finde zunächst die Gründe für deine Wissenslücken heraus:

- Mangelt es dir an geeigneten **Lerntechniken?** Dann lies in Kapitel 2, 3, 4 und 6 nach.
- Kannst du dich nicht konzentrieren? **Konzentration** kann man spielerisch trainieren.
- Fehlen dir wichtige **Arbeitsmaterialien?** Überprüfe deine Hefte auf Vollständigkeit und ergänze, was fehlt.

Lernstrategien überdenken · Neues ausprobieren

Kreuzworträtsel · Buchstabengitter · Bilderrätsel

Unterlagen mit denen eines gut organisierten Mitschülers oder einer Mitschülerin vergleichen

Nachhilfe

Manchmal gelingt es nicht, Wissenslücken allein zu schließen. Hier ist es wichtig, **rechtzeitig** zu erkennen, ob Nachhilfe notwendig ist.

Aufgepasst: Richtige Nachhilfe ist mehr als bloße Unterstützung bei den Hausaufgaben. Sie dient dazu, Wissenslücken in überschaubarer Zeit zu schließen, und leitet zum selbstständigen (Weiter-)Lernen an. Du musst allerdings zur Mitarbeit bereit sein, sonst hilft die beste Nachhilfe nichts.

Gründe für Wissenslücken: Umzug · Schulwechsel · Krankheit · Anschluss an den Stoff verloren

Nachhilfe

Einzelunterricht empfiehlt sich immer dann, wenn man einen bestimmten Stoff nacharbeiten will oder muss. Der Nachhilfelehrer geht individuell auf dich ein und gibt dir Tipps, wie du Fehler in Zukunft vermeidest. Wichtig ist, dass der Nachhilfelehrer hierfür auch die richtige Qualifikation hat.

Nachhilfe finden: Aushang am schwarzen Brett der Schule oder des Supermarktes · Fachlehrer oder Mitschüler befragen

Gruppenunterricht ist angebracht, wenn Freunde oder Mitschüler das gleiche Problem haben. Er hat zudem den Vorteil, dass man lernt, im Team zu arbeiten. Wer mit einem Problem nicht allein steht, hat auch keine Angst, Fragen zu stellen. Du gewinnst außerdem Übung darin, die richtigen Fragen zu stellen.

Nachhilfeinstitute finden: Gelbe Seiten oder Branchentelefonbücher · Kleinanzeigen der lokalen Zeitung · Internet

Auch zur **Vorbereitung einer Prüfung** kann es sinnvoll sein, Hilfe in Anspruch zu nehmen. Eine Möglichkeit ist z. B. ein Intensivkurs in den letzten Schulferien vor der Prüfung.

Einzelnachhilfe oder Gruppenunterricht

Aufgepasst: Nachhilfe ist immer nur eine **vorübergehende Lösung** für Schulprobleme. Wer in fast allen Fächern Nachhilfe nötig hat, sollte über Lösungen über die Nachhilfe hinaus nachdenken.

Lernplan (↑ S. 10) überprüfen · evtl. über Schulwechsel (andere Schulform) nachdenken

CHECKLISTE: Organisation und Zeitmanagement

Geeigneter Arbeitsplatz

- ☐ Sind die Lichtverhältnisse am Tag und am Abend gut?
- ☐ Ist die Arbeitsfläche groß genug?
- ☐ Sind alle Arbeitsmittel (Stifte, Nachschlagewerke usw.) vorhanden und an ihrem Platz?

Deine persönlichen Lernbedingungen

- ☐ Hast du überprüft, was dich stört, und Abhilfe geschaffen?
- ☐ Hältst du dich beim Lernen an feste Zeiten?
- ☐ Arbeitest du mit deinem Lernplan?
- ☐ Machst du alle 30 Minuten Pausen?

Das richtige Lernpensum

- ☐ Hast du den Lernstoff in kleinere Einheiten aufgeteilt?
- ☐ Steckst du dir erreichbare Ziele?

Deine persönlichen Stärken und Schwächen

- ☐ Kennst du deinen Lerntyp (↑ S. 16 f.)?
- ☐ Lernst du gerne im Team? Hast du einen oder mehrere Lernpartner gefunden?
- ☐ Kennst du die Fächer, die dir leichtfallen, und die, die dir Probleme bereiten?
- ☐ Kennst du die Gründe, weshalb dir das Lernen in manchen Fächern schwerfällt, sodass Wissenslücken entstehen?
- ☐ Kennst du die verschiedenen Möglichkeiten, wie du Wissenslücken schließen könntest?
- ☐ Welche Möglichkeiten, um deine Leistungen zu verbessern, hast du bereits ausprobiert und mit welchem Erfolg?

Der Mensch hat viele Sinne, die gleichzeitig Informationen aufnehmen und verarbeiten können. Je mehr Sinne an der Aufnahme und der Verarbeitung einer Information beteiligt sind, desto schneller und besser kann man sich diese Information einprägen. Wenn du weißt, auf welche Art, d. h. mit welchen Sinnen, du am besten lernst, kannst du Fehler vermeiden, bevor du überhaupt anfängst.

Was für ein Lerntyp bist du?

Um herauszufinden, was für ein Lerntyp du bist, überlege dir einmal, wie du dir Vokabeln am besten merkst. Wenn du dann deinen Lerntyp herausgefunden hast, nutze dieses Wissen gezielt bei der Vorbereitung auf die nächste Klassenarbeit.

Mehrkanaliges Lernen

Die meisten Menschen erzielen die größten Erfolge, wenn die unterschiedlichen Lernkanäle miteinander verknüpft werden. Dies nennt man mehrkanaliges Lernen. Je mehr deiner Sinne gleichzeitig daran beteiligt sind, eine Information zu empfangen, desto leichter verinnerlichst du einen Sachverhalt oder einen Zusammenhang.

Geh beim Vokabellernen im Zimmer auf und ab, sprich dir die Vokabeln laut vor, nimm den entsprechenden Gegenstand in die Hand oder zeichne ein Skizze zur jeweiligen Vokabel.

Die meisten Schüler stützen sich beim Lernen vorrangig auf das Lesen und Hören, aber: Menschen behalten etwa 10% von dem, was sie lesen, 20% von dem, was sie hören, 30% von dem, was sie sehen, 50% von dem, was sie sehen und hören, 70% von dem, über das sie selbst sprechen, und 90% von dem, was sie eigenständig bearbeiten.

Lernen durch Hören – auditiver Lerntyp

Kannst du dir die Vokabeln ganz einfach merken, auch wenn du sie nur einmal kurz gehört hast? Dann gehörst du zu den auditiven Lerntypen. Für den Schulalltag heißt das:

Lies dir die Vokabeln selbst laut vor.
Nimm dir einen Kassettenrekorder zuhilfe und sprich den Lernstoff auf Band. Hör dieses Band immer wieder genau ab.

Lernen durch Sehen – visueller Lerntyp

Prägst du dir Vokabeln dann am besten ein, wenn sie dir – in Wirklichkeit oder in deiner Vorstellung – bildlich erscheinen? Dann gehörst du zu den visuellen Lerntypen.

Male ein Bild oder eine Skizze zu der entsprechenden Vokabel. Musst du etwa Vokabeln aus einem bestimmten Bereich (z. B. Obst und Gemüse) lernen, verwende Techniken wie Diagramme und Lernposter (↑ S. 65, 82 ff.).

Lernen durch Tasten und Greifen – haptischer Lerntyp

Lernst du Vokabeln am besten, wenn du die Lerngegenstände anfasst? Dann bist du ein haptischer Lerntyp.

Stelle Verbindungen zum Tastsinn her, nimm z. B. Obst oder Gemüse in die Hand und präge dir die Vokabel so ein.

Lernen durch Bewegung – motorischer Lerntyp

Hast du beim Lernen ständig das Bedürfnis, dich zu bewegen? Dann ist für dich der motorische Lernweg der beste.

Laufe beim Vokabellernen im Zimmer auf und ab. Wiederhole die Vokabeln beim Joggen, Spaziergang oder auf dem Schulweg.

2 Auswendig lernen und Informationen merken

Auswendig lernen bedeutet: Etwas so verinnerlichen, dass man es aus dem Gedächtnis wiedergeben kann. Das Auswendiglernen kann man immer dann anwenden, wenn es darum geht, **Fakten** im Gedächtnis zu **verankern,** also in jedem Fach.

Gedichte · Vokabeln · Formeln · Jahreszahlen · Diktatwörter

Lernstoff strukturieren

Zunächst sollte der Lernstoff organisiert und strukturiert werden.
So kannst du vorgehen:

1. Themengebiet benennen

Die Zeiten im Englischen (Beispiel)

2. Untergebiete benennen

Die englischen Zeiten heißen:
simple present · present progressive · present perfect · present perfect progressive · simple past · past progressive · past perfect · past perfect progressive · will-future · going-to-future · future perfect · future progressive

3. Überblick verschaffen

Hake jede Zeitform, die du schon sicher beherrschst, ab. Jetzt siehst du, was du noch lernen musst.

Versuche, **neues Wissen** an bereits **vorhandenes anzuknüpfen.** So lässt sich aus dem Erkennen von Wortstämmen z. B. ein neuer Zusammenhang herleiten und verstehen.

lat. duo = zwei
Herleitung:
Duett =
zwei Personen

2

Konzentriere dich auf das **Wesentliche.** Überprüfe stets, ob die Informationen, die du dir merken willst, wirklich etwas mit dem Thema zu tun haben. Finde und merke dir zentrale Begriffe **(Schlüsselbegriffe).**

Wetter: Merke dir Begriffe wie Wetterkunde, Klima.
Merke dir nicht: Sonnenschein, Strandurlaub.

Gedichte

Gedichte verstehen und betonen

Wer ein Gedicht auswendig vortragen will, muss vorher den Inhalt verstanden haben. Nur dann kann man beim Vortrag das Gedicht auch richtig betonen. Geh so vor:

- Lies das Gedicht genau durch, um den Inhalt zu erfassen. Worum geht es? Welche Personen kommen vor?
- Gibt es Wörter, die du nicht kennst?
- Welche Wörter musst du besonders betonen, damit die Aussage des Gedichts deutlich wird?
- Lies das Gedicht mit der vermerkten Betonung mehrmals laut durch.

Formuliere weitere Fragen zum Gedicht.

Schlage im Wörterbuch nach.

Markiere die zu betonenden Wörter/Passagen.

Gedichte auswendig lernen

Wenn Inhalt und Betonung klar sind (↑ S. 19), geh weiter so vor:

- Schreibe das Gedicht, das du auswendig lernen willst, zuerst einmal ab.
- Lies die Strophen oder Sinnabschnitte laut vor und wiederhole sie immer wieder. Wenn du einen Abschnitt auswendig kannst, lerne den nächsten.
- Wenn es dir noch schwerfällt, die Strophen auswendig vorzutragen, überlege dir für die einzelnen Abschnitte Hilfen, an denen du dich orientieren kannst.

Begriffe oder Bilder zu den einzelnen Abschnitten finden · bestimmte Reimwörter einprägen

- Du kannst auch versuchen, das Gedicht zu visualisieren oder dir Gesten zu einzelnen Szenen ausdenken.

Szenenbilder malen · Szenen einem imaginären Publikum vorspielen

- Schau dir an, wie das Gedicht formal aufgebaut ist.

Welche Reimform liegt vor? Wie viele Strophen? Wie viele Zeilen pro Strophe?

- Wenn du glaubst, dass du das Gedicht nun auswendig vortragen kannst, kontrolliere dich selbst und überlege anschließend, was du noch verbessern kannst.

Gedicht auswendig auf Kassette sprechen und abhören

Jahreszahlen, Daten und Begriffe

Das menschliche Gehirn kann ungefähr fünf bis neun Dinge gleichzeitig speichern. Mit **kleinen Sinneinheiten** bewahrt man den Überblick. Dies kann bei **längeren Sachtexten** oder literarischen Auszügen hilfreich sein.

Text in acht Einheiten teilen · die acht wichtigsten Begriffe markieren

Jahreszahlen

- **Jahreszahlen** und andere Daten werden am besten in einen chronologischen Zusammenhang eingeordnet.

1961: Mauerbau in Berlin = Mutters Geburtsjahr · 1989: Fall der Mauer in Berlin = Geburtsjahr des Bruders

- **Biografische Daten,** z. B. die Lebensdaten eines Komponisten, kann man sich besser merken, wenn man sie mit einem bestimmten Ort in Verbindung bringt.

Die Lebensdaten von W. A. Mozart auf einem Haftzettel notieren und ans Klavier kleben.

Länder, Hauptstädte, Benennungen

Um sich Ländernamen, Hauptstädte und andere geografische Begriffe besser merken zu können, hilft es, diese Orte vielfältig zu erkunden. Das **Erkunden** dient einem ersten Vertrautmachen mit bisher nicht bekannten Orten und/oder Objekten in der geografischen Wirklichkeit.

Homepage einer Stadt besuchen · Diavorträge und Informationsveranstaltungen besuchen · Museen und Ausstellungen in der Stadt aufsuchen

Vokabeln

Vokabelkartei

Eine der besten Methoden, um Vokabeln zu lernen, ist die Arbeit mit einer Vokabelkartei.

Du brauchst:
Karteikasten · Karteikärtchen · Trennkarten

Vorbereitung: Unterteile den Kasten mit farbigen Trennkarten in fünf Fächer. Beginne mit zehn Vokabeln und nimm dir am nächsten Tag wieder zehn vor.
Schreibe jeweils die deutsche Bedeutung auf die Vorder- und die Vokabel auf die Rückseite eines Kärtchens.

Fach 1

Stelle die Kärtchen ins erste Fach. Nimm das erste Kärtchen, lies das deutsche Wort. Kennst du die Vokabel?
- Wenn ja, dann stelle die Karte in Fach 2.
- Wenn nein, schau dir die Karte noch einmal an und lass sie als hinterste in Fach 1.

Fach 2

Etwa alle drei Tage überprüfst du Fach 2.
- Vokabeln, die du nicht kennst, wandern in Fach 1,
- die anderen kommen in Fach 3.

Fach 3

Wenn sich hier einige Kärtchen angesammelt haben, überprüfe dein Wissen.
- Was du nicht weißt, kommt zurück in Fach 1,
- Gewusstes kommt in Fach 4.

Fach 4 und Fach 5

Nur Vokabeln, die eine letzte Überprüfung aus Fach 4 bestehen, kommen in Fach 5 und werden aussortiert.

Haftnotizen und Bilder

Um z. B. englische Vokabeln aus dem täglichen Leben zu lernen, geh so vor:

- Schreibe die Vokabeln auf kleine Klebezettel und klebe sie an die entsprechenden Gegenstände in eurer Wohnung.
- Für Begriffe, die sich nicht in eurer Wohnung befinden, kannst du das Karteikastensystem (↑ S. 22) nutzen und mit kleinen Bildern erweitern.

door – an die Zimmertür · refrigerator – an den Kühlschrank

Vokabel-Memory®

Schneide Pappe zu mindestens 32 gleich großen Quadraten zu und bastle dir ein Memory®. Schreibe auf eine Karte die Vokabel und auf eine andere die Übersetzung in einer anderen Farbe.

Hölle – *hell* · hell – *bright* · Geschenk – *gift* · Gift – *poison* · Stein – *rock* · Rock – *skirt*

Vokabelkassetten

- Sprich erst das fremdsprachliche Wort, dann die deutsche Übersetzung auf Kassette und lass vor dem nächsten Paar eine kurze Pause.

Kassette anhören, bis du die Vokabeln auswendig kannst

- Dann folgt eine neue Aufnahme: Sprich zuerst das deutsche Wort, lass eine längere Pause und sag dann das fremdsprachliche Wort.

Vokabel während der Pause nennen

Übungsformen von Diktaten

Es gibt eine Reihe von Möglichkeiten, Diktate allein zu üben. Einzelne Wörter kannst du üben, indem du sie immer wieder aus dem Gedächtnis aufschreibst.
Versuche auch, das Schreiben ganzer Texte zu üben. Für alle Methoden gilt: Suche einen geeigneten Übungstext und lies ihn gründlich durch.

Lehrer nach Übungstexten fragen · Texte aus dem Schulbuch verwenden

Selbstdiktat

- Lies die erste Textzeile, decke den Text ab und schreibe sie auswendig in dein Heft. Arbeite dich so Satz für Satz durch den Text.
- Lies dein Diktat noch einmal gründlich durch.
- Zum Schluss vergleichst du deinen Text mit der Vorlage.
- Registriere deine Fehler und korrigiere sie: Besser du machst die Fehler beim Üben als im Test.

mit einem Papier oder Lineal abdekken

auch: rückwärts lesen (↑ S. 33)

Fehler anstreichen

Partnerdiktat

Wenn du gern im Team lernst, dann übe Diktate mit einem Lernpartner (↑ S. 12). Einer von euch beiden liest die Textabschnitte vor, der andere schreibt. Dann wird gewechselt.

Der „Lehrer" darf am Ende auch korrigieren und eine Note vergeben.

Schleichdiktat

- Lies den ausgewählten Text gründlich durch. Leg ihn anschließend von deinem Schreibtisch weg, und zwar so weit, dass du aufstehen musst, um ihn lesen zu können.
- Geh zum Text, merke dir einen Abschnitt, laufe zurück zum Schreibtisch und schreibe den Abschnitt in dein Heft.
- Wiederhole diesen Vorgang so oft, bis du den gesamten Text geschrieben hast.
- Vergleiche zum Schluss deinen Text mit der Vorlage.

Zähle mit, wie oft du zum Text laufen musst. Je weniger, umso größer ist deine Gedächtnisleistung, umso besser dein Konzentrationsvermögen.

Fehler anstreichen und korrigieren

Kassettendiktat

- Lies den Diktattext, den du üben möchtest, zunächst vollständig durch, damit du später nicht ins Stocken gerätst.
- Sprich ihn dann auf Kassette.
- Sprich langsam und deutlich.
- Achte darauf, dass du zwischen den Sinnabschnitten kleinere Pausen lässt. Hier hältst du die Kassette später an, um den Abschnitt zu schreiben, ehe du dir den nächsten Teil anhörst.
- Zum Schluss vergleichst du deinen Text mit der Vorlage.

Fehler anstreichen und korrigieren

Formeln

Auf Formeln trifft man in vielen Fächern. Wichtig dabei ist, dass man die Formeln auswendig kann. Das reicht jedoch nicht. Man muss die Formeln auch verstehen, um die **Zusammenhänge** zwischen den einzelnen Größen **beschreiben** zu können. Nur so kann man eine Formel sinnvoll **nach einer gesuchten Größe umstellen.**

Mathematik · Physik · Chemie

Formeln auswendig lernen

Wenn du eine Formel auswendig lernen willst, geh so vor:

- Einige Formeln kannst du dir ganz leicht merken, indem du sie zu kleinen Wörtern ergänzt.

Physik:
$U = R \cdot I$ – **Uri**n
$P = U \cdot I$ – **pfui**
$Q = I \cdot t$ – **quit**t

- Merke dir nicht nur die Buchstaben und Zahlen, sondern gib die Formel in Worten oder ganzen Sätzen wieder. Lies dir dazu im Schulbuch den Text durch, der die Formel erläutert.

Mathematik:

$$W = \frac{G}{100} \cdot p$$

Den Prozentwert W erhält man, wenn man den 100. Teil des Grundwerts G mit dem Prozentsatz p multipliziert.

- Schreibe ein Anwendungsbeispiel auf ein großes Blatt Papier, hänge es an die Wand und versuche, die Formel wie bei einem Vortrag anhand des Beispiels zu erläutern. Damit kannst du gleich die Abfragesituation an der Tafel trainieren.

Formeln umstellen

Sollst du eine Formel nach einer gesuchten Größe umstellen, notiere dir zunächst auf einem Extrablatt, welche Größen bereits gegeben sind. So kannst du schnell erkennen, nach welcher Größe du die Formel umstellen musst.
Das Umstellen von Formeln nach einer gesuchten Größe geht mit folgendem Trick besonders leicht:

gegeben:
U = 230 V,
R = 50 Ω
gesucht: I

Formeldreieck

Schreibe die Formel zunächst als Dreieck auf.

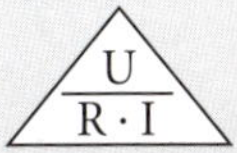

Jetzt kannst du direkt ablesen, wie die umgestellte Formel lauten muss. Dazu deckst du lediglich die gesuchte Größe ab, und das Formeldreieck zeigt dir die Umstellung.

- Buchstaben, die nebeneinanderstehen, sind malzunehmen.
- Buchstaben, die untereinanderstehen, bilden einen Bruch.

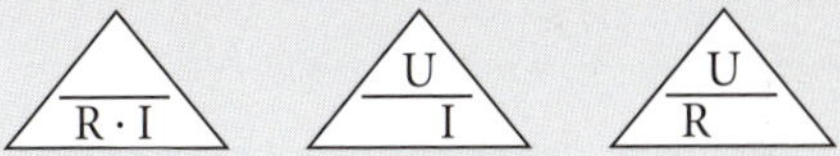

$U = R \cdot I$ $R = U : I$ $I = U : R$

Aufgepasst: Stelle zuerst die Formel so um, wie du sie für die Aufgabe benötigst. Setze die Zahlen und die Einheiten erst nach der Umstellung ein.

U = 230 V,
R = 50 Ω, I = ?
$U = R \cdot I$
$I = U : R = \frac{230\ \text{V}}{50\ \Omega} = 4{,}6\ \text{A}$

Fast für jedes Fach gibt es Eselsbrücken, die dabei helfen können, Fakten und knifflige Details schnell abrufbereit zu haben.

Rechtschreibung und Grammatik

- Wer nämlich mit h schreibt, ist dämlich!
- Gar nicht wird gar nicht zusammengeschrieben!
- Wer brauchen ohne zu gebraucht, braucht brauchen gar nicht zu gebrauchen!
- Nach l, m, n, r das merke ja, steht nie tz und nie ck!
- Sei nicht dumm und merk dir bloß: Namenwörter schreibt man groß!
- Doppel-a, das ist doch klar, sind in Waage, Haar und Paar!
- An, auf, hinter, neben, in, über, unter, vor und zwischen stehen mit dem 4. Fall, wenn man fragen kann „wohin?“. Mit dem 3. stehen sie so, dass man nur fragen kann „wo?“.

Chemie

Erst das Wasser, dann die Säure, sonst geschieht das Ungeheure!

Physik

Der Magnet kennt das Gebot:
S**ü**dpol gr**ü**n und N**o**rdpol r**o**t.

Biologie

Klasse Ordnung herrscht in der **Familie**, wenn der **Gatt**e **art**ig ist.
→ Klasse – Ordnung – Familie – Gattung – Art

Astronomie

Mein **V**ater **e**rklärt **m**ir **j**eden **S**onntag **u**nsere **N**atur.
Merkur, **V**enus, **E**rde, **M**ars, **J**upiter, **S**aturn, **U**ranus, **N**eptun

Mathematik

■ Der Nullen sechs hat die Million,
mit neun glänzt die Milliarde schon,
es folgt mit zwölf ihr die Billion,
zuletzt mit achtzehn die Trillion.

■ Durch Null teile nie!
Dies bricht dir das Knie.

■ Differenzen und Summen
kürzen nur die Dummen!

■ Wer in einer Summe kürzt,
wird ins Binger Loch gestürzt!

Englisch

■ He, she, it – ein „s“
muss mit!
(3. Person Singular im
simple present)

■ Für die Satzstellung
im Englischen gilt:
S P O M P T
→ **S**ubject, **P**redicate,
Object, **M**anner, **P**lace,
Time

Geschichte

■ 333: Drei, drei, drei,
bei Issos Keilerei
= Sieg Alexander des
Großen über Dareios III
im Jahre 333 v. Chr.

■ 753: Sieben, fünf, drei,
Rom schlüpft aus dem
Ei.
= (angenommenes)
Gründungsdatum der
Stadt Rom 753 v. Chr.

Latein

■ In die Semmel biss der Kater:
semel – bis – ter – quater für:
einfach – zweifach – dreifach – vierfach

■ Nach si, nisi, ne, num,
quo, quando, ubi, cum,
fällt der „ali“ um!
(quis statt aliquis usw.)

■ unus, solus, totus, ullus,
uter, alter, neuter, nullus,
diese Wörter haben alle
„ius“ in dem zweiten Falle,
und im 3. haben sie
wie alius ein langes i.

Merktechniken für alle Fächer

Beim Auswendiglernen wird das Gedächtnis besonders gefordert. Das menschliche Gehirn kann konkrete Inhalte besser behalten als abstraktes Wissen. Deshalb beruhen viele Formen des Gedächtnistrainings darauf, etwas Abstraktes mit etwas Anschaulichem zu verknüpfen.

Das Gedicht „Die Stadt“ von Theodor Storm prägt sich leichter ein, wenn man es bei einem Spaziergang durch die Stadt rezitiert.

Loci-Methode

Bei der Loci-Methode (lat.: locus = Ort) verknüpft man bewusst das, was man sich merken will, mit einem **bestimmten Ort.** Geh so vor:

- Teile den Lernstoff in sinnvolle Lernabschnitte. Lerne jetzt jeden Abschnitt an einem anderen Ort in eurer Wohnung. Versetze dich bei der Klassenarbeit in Gedanken an diesen Ort zurück.

am Fenster · am Schreibtisch · am Küchentisch

- Du kannst die Lerneinheit gedanklich auch mit einem vertrauten Weg, z. B. dem Weg zur Schule, in Verbindung bringen. Überlege dir feste Begriffe zu deinem Lernstoff, die für einen bestimmten Inhalt stehen, und ordne sie markanten Stellen auf deinem Schulweg zu. Bei der Klassenarbeit gehst du den Weg in Gedanken ab.

Englisch auf dem Schulweg:
Bäcker: Bildung von Adverbien · Ampelkreuzung: Steigerungsformen von Adverbien · Park: Beispiele für die Steigerung von Adverbien

Assoziationsmethode

Eine Assoziation (Vorstellungsverknüpfung) **verbindet** zwei oder mehrere **Informationen** miteinander. Das ist sinnvoll, wenn man eine bestimmte Reihenfolge von Begriffen oder einen bestimmten Aufbau lernen muss.

Um sich **einzelne Begriffe** zu merken, kann man auf die Assoziation mit Alltags- und Vorwissen, Schreibweisen sowie anderen Themen zurückgreifen. Stell dir vor, es geht um die Frage, von wo nach wo Stalaktiten oder Stalagmiten wachsen.

Ein kleines **t** schreibt man von oben nach unten. – Stalak**t**iten wachsen von oben nach unten.

Meistens musst du dir für die Schule jedoch mehr als nur zwei Begriffe gleichzeitig merken. Hier kann eine **Assoziationskette** helfen. Baue Begriffe und Fakten, die du lernen musst, in eine möglichst lustige und ausgefallene **Geschichte** ein. Stell dir vor, du musst dir eine Liste von Begriffen aus der Informatik merken:

Beispiel:
Bestandteile eines Computers:
Tastatur · Maus · Speicher · Grafikkarte · Bildschirm

Vor der Bäckerei sitzen ein Specht, der auf eine **Tastatur** einhackt, und eine **Maus,** die an einem Karton mit der Aufschrift **Speicher** nagt. Eine Meise fliegt herbei und lässt vor Schreck die **Grafikkarte** fallen, die sie im Schnabel hatte. Und zu guter Letzt taucht auch noch ein Berner Sennenhund auf, der statt eines Fässchens einen **Bildschirm** um den Hals trägt.

CHECKLISTE: Erfolgreiches Auswendiglernen

Hast du deinen Lernstoff strukturiert?

- ☐ Welches Themengebiet musst du lernen?
- ☐ Hast du dir einen Überblick verschafft und bereits herausgefiltert, was du schon weißt (und nicht mehr lernen musst)?
- ☐ Welches Themengebiet musst du noch intensiv lernen?
- ☐ Hast du für deinen neuen Lernstoff bereits Anknüpfungspunkte an dein vorhandenes Wissen gefunden?

Kennst du unterschiedliche Lernmethoden?

- ☐ Kennst du Methoden, mit denen man ein Gedicht, Begriffe, Jahreszahlen oder andere Daten auswendig lernen kann?
- ☐ Weißt du, wie eine Vokabelkartei funktioniert?
- ☐ Kennst du andere Techniken, Vokabeln dauerhaft im Gedächtnis zu verankern?
- ☐ Kennst du Strategien, mit denen du Diktatwörter lernen oder Diktate üben kannst?
- ☐ Kennst du Methoden, wie man Formeln einfach umstellen kann?
- ☐ Kennst du Tricks und Eselsbrücken, die dir das Lernen in allen Fächern erleichtern?

Wie gut ist dein Gedächtnis?

- ☐ Trainierst du ab und zu dein Gedächtnis?
- ☐ Kennst du Formen des Gedächtnistrainings, die dir bei Klassenarbeiten helfen können (↑ S. 30 f.)?
- ☐ Mit welcher Merktechnik kannst du dir Lernstoffe am besten einprägen?

Memory®

Schreibe deine Lernwörter, Formeln, Begriffe oder Daten auf je zwei Karteikärtchen, male ein Bild oder eine Comicszene dazu oder klebe ein passendes Symbol oder Foto dazu auf und spiele dein selbst gebasteltes Memory® mit einem Freund, einer Freundin oder deinen Eltern (↑ S. 23).

Nie mehr vergessen

Gibt es ein Wort, das du immer wieder falsch schreibst? Suche dir vier weitere. Schau dir die Wörter fünf Minuten lang an und versuche jetzt, sie zu vergessen. Was man unbedingt vergessen möchte, bleibt nämlich garantiert im Gedächtnis haften.

Rückwärts lesen

Lies dir deinen Text nach einem Übungsdiktat (↑ S. 24 f.) noch einmal genau durch – aber von hinten nach vorne, Wort für Wort. Weil jedes Wort dadurch aus seinem Sinnzusammenhang herausgenommen ist, kannst du Fehler nicht so leicht überlesen.

Wörter für die Zimmertür

Schreibe deine fehlerträchtigen Wörter, schwierige Formeln, Vokabeln oder Begriffe in Fettdruck (oder bunt oder besonders groß) mit dem Computer, drucke die Seite oder die Seiten aus und hänge sie einige Tage an die Zimmertür. Tausche die Wörter immer mal wieder aus.

Kreuzworträtsel

Bitte deine Eltern oder einen Lernpartner, ein Kreuzworträtsel zu basteln, das die Begriffe und Wörter deines Lernstoffes beinhaltet. Du darfst dann das Rätsel lösen. Danach bist du an der Reihe, ein Kreuzworträtsel zu erfinden, und deine Eltern oder Lernpartner sind die Ratenden.

3 Texte verstehen und wiedergeben

Beim Lesen von Sachtexten, z. B. aus dem Geschichts- oder Biologiebuch, geht es darum, den **Sinn** des Gelesenen zu **erfassen.** Es gilt, das Gelesene zu verstehen und die im Text vorhandenen **Informationen** zu **verinnerlichen.**

Lesen und erfassen

Beim Lesen muss man **Wortketten und Sätze** zunächst einmal **verstehen.** Das kannst du so üben:

- Lies einen Text **laut** vor, achte auf die Betonung, auf Pausen im Satz, auf den Satzanfang und das Satzende. Oft erschließt sich dabei der Inhalt eines Satzes viel einfacher als beim stillen Lesen oder Überfliegen des Textes.

Sprich den Text auf Kassette. Überprüfe, ob du alles beachtet hast.

- Das Lesen von Texten lässt sich auch **gemeinsam üben,** z. B. mit einem Lernpartner oder in einer Lerngruppe (↑ S. 12).

Reihum vorlesen, die Zuhörer korrigieren den Vorleser.

- **Sprecht über das Gelesene.** Erklärt euch gegenseitig, was ihr gelesen und wie ihr das Gelesene verstanden habt.

Fragt nach, wenn ihr etwas nicht verstanden habt.

Sachtexte

Für jeden Sachtext gilt: Geh schrittweise vor.

- Kommen im Text **Abkürzungen** vor? Dann löse sie auf, der Text wird dadurch verständlicher.
- Gibt es **Wörter und Begriffe,** die du nicht kennst oder verstehst?

im Rechtschreibduden, einem Wörterbuch oder Lexikon nachschlagen

- Finde heraus, worum es in dem Text eigentlich geht. Markiere die **wesentlichen** Begriffe und Schlagwörter **(Schlüsselwörter),** die einen Themenkomplex zusammenfassen.

verschiedene Farben für die Markierungen verwenden

3

Unterteilen und Zusammenfassen

Eine gute Möglichkeit ist, den Text in **sinnvolle Abschnitte** zu gliedern. Lies den Text gründlich durch und beantworte folgende Fragen:

- Was ist das **Hauptthema** des Textes?

Schlagwörter notieren

- Gibt es **Unterthemen?** Welche und wie viele?

Überschriften für die Unterthemen finden und notieren

- Gibt es **Verständnislücken?**

nachschlagen

- Zur Selbstkontrolle wird der Text abschließend noch einmal genau durchgelesen und beiseite gelegt. Die **Kernaussagen** werden mit eigenen Worten zusammengefasst.

an den Schlagwörtern und gefundenen Überschriften orientieren

Textstellen hervorheben

Sinnvolles **Unterstreichen** hilft, die Kernaussagen eines Textes schnell wieder zu finden, selbst wenn man sich erst später erneut mit dem Text beschäftigt.

- Zuerst liest man den Text genau durch, bevor man mit dem Unterstreichen beginnt.
- Welche Kernaussagen sind enthalten und welche Schlüsselwörter werden genannt?

Aufgepasst: Niemals ganze Sätze oder Absätze unterstreichen.

Schlüsselwörter mit Bleistift oder Buntstift unterstreichen

Textmarkierungen sollten augenfällig sein. Markiere z. B.

- besonders wichtige Textstellen,
- Wörter und Begriffe, die noch unklar sind.

Aufgepasst: Verwende immer die gleichen Symbole!

Mögliche Symbole: Ausrufezeichen Fragezeichen

Zusätzliche Informationen beachten

Viele Texte werden durch Grafiken oder Ähnliches ergänzt. Überlege:

- Zu welchem Absatz oder zu welcher Textstelle gehört das Bild, die Tabelle usw.?
- Welche neuen Informationen erhalte ich dadurch?

zusätzliche Informationen durch: Diagramme · Landkarten · Tabellen · Bilder

Textparaphrase

Die Textparaphrase, d. h. die **Wiedergabe eines Textes mit eigenen Worten,** kann bei der Überprüfung helfen, ob man einen Text nach dem Lesen auch wirklich verstanden hat. Man sollte dabei möglichst eigene Formulierungen verwenden und sich nicht zu stark an den Ausgangstext anlehnen.

Aussagen knapp, aber treffend formulieren und in einer sinnvollen Reihenfolge wiedergeben

Quer lesen

Geht es darum, Wissen schnell aufzunehmen , ist querlesen, d. h. einen Text überfliegen und Wortgruppen erfassen, eine gute Möglichkeit. Geh so vor:

Schritt 1

- Unterteile die Buchseite mit vier Längsstrichen.
- „Springe“ nun durch den Text, ohne jedes einzelne Wort zu lesen. Wörter und Wortgruppen, die sich zwischen zwei Linien befinden, erfasst dein Auge so „auf einen Blick“.

Schritt 2

- Wenn Schritt 1 gut klappt, unterteilst du die Buchseite mit drei Längsstrichen und „springst“ wieder durch den Text.

Schritt 3

- Unterteile die Buchseite dann mit zwei Längsstrichen.
- Wenn du diese Lesetechnik verinnerlicht hast, brauchst du in Zukunft keine Striche mehr zu ziehen.

CHECKLISTE: Sachtexte verstehen und wiedergeben

- ☐ alle unbekannten Abkürzungen des Textes nachschlagen und auflösen
- ☐ alle unbekannten Begriffe und Wörter nachschlagen
- ☐ Hauptthema und Unterthema herausfinden
- ☐ wichtige Begriffe und Schlüsselwörter unterstreichen
- ☐ Textstellen markieren:
  ! steht für wichtige Textpassagen,
  ? für Stellen im Text, die dir noch unklar sind
- ☐ wichtige Stichwörter am Rand notieren oder markieren
- ☐ Kernaussagen des Textes knapp mit eigenen Worten formulieren
- ☐ wichtige Informationen benennen
- ☐ alle Aussagen in eine sinnvolle Reihenfolge bringen

Selektives Lesen

Was für kurze Sachtexte gilt, lässt sich auch auf umfangreichere Werke anwenden. Um den Inhalt eines Buches möglichst effektiv zu erfassen, wählst du z. B. einige Kapitel gezielt aus. Geh beim selektiven Lesen schrittweise vor:

- Lies zuerst den Titel eines Buches.
- Überfliege die Einleitung.

Aufgepasst: Bei Büchern mit linearer Gliederung baut das zweite Kapitel auf dem ersten auf!

- Wirf einen Blick auf das Ende des Buches: Häufig findest du dort eine Zusammenfassung oder ein Fazit.

Fragen an ein umfassendes Werk:
Worum geht es?
Wie ist das Buch gegliedert?

Gibt es eine zentrale Aussage (und wenn ja, welche)?

Literarische Texte

Im Unterschied zu einem Sachtext, der Informationen vermittelt, geht es bei literarischen Texten darum, sich mit dem Text auseinanderzusetzen und ihn nach sprachlichen, inhaltlichen und formalen Gesichtspunkten zu deuten.

Lesen und erfassen

Die Fähigkeit, einen zusammenhängenden Text inhaltlich zu erfassen, nennt man Lesekompetenz. Je sicherer und flüssiger man lesen kann, umso leichter fällt es z. B. bei Aufsätzen, die Fragen in der vorgegebenen Zeit zu beantworten.
Genauso wichtig wie das flüssige Lesen ist, dass man das Gelesene richtig erfasst. Es geht immer um eine „Story“, also den Inhalt einer Geschichte.

Lesekompetenz trainieren mit: Kinder- oder Jugendromanen · lustigen oder spannenden Texten aus Zeitschriften

Eltern oder Freunden erzählen, worum es in der Geschichte geht

Zur Lesekompetenz gehört auch, sich beim Lesen ganz auf den Text zu konzentrieren. Wer konzentriert lesen kann und lernt, das Wesentliche eines Textes zu erfassen, hat es auch bei Klassenarbeiten, z. B. bei Aufsätzen und Hausaufgaben, leichter.

Inhalte verstehen

Um herauszufinden, worum es in dem Text geht, stelle dir folgende Fragen:

- Wer sind die **Hauptfiguren** im Text?
- Welche (Charakter-) **Eigenschaften** haben sie?
- Welche **weiteren Figuren** sind von wesentlicher Bedeutung?

Wie ist das **Verhältnis der handelnden Figuren zueinander** (gesellschaftlich, verwandtschaftlich, emotional)?

- **Wo** und **wann** spielt die Geschichte?
- Welche **Handlungen** stehen im Vordergrund?

in eigenen Worten knapp charakterisieren

während der Lektüre stichwortartige Notizen machen

Form beachten

Ein literarischer Text ist nicht nur durch seinen Inhalt definiert, sondern auch durch seine Form. Daher muss man auch die **sprachliche Gestaltung** beurteilen können. Stelle dir z. B. folgende Fragen:

auffällige sprachgestalterische Mittel während der Lektüre notieren

- Wie sind die Sätze aufgebaut?

verschachtelt · kurz · Fehlen Satzzeichen?

- Wie ist die Wortwahl?

Standardsprache · Umgangssprache

- Hat sich der Autor über gängige Regeln hinweggesetzt?

alles kleingeschrieben

Lesetempo steigern

Beim Umgang mit literarischen Texten ist auch das Lesetempo entscheidend. Wer schnell lesen kann, versteht wesentlich mehr von einem umfangreichen Text, weil er am Ende eines Satzes oder Kapitels noch weiß, was am Anfang stand. Wer dagegen langsam, also Wort für Wort, liest, hat den Satzanfang vergessen, bevor er den Schluss überhaupt gelesen hat.

Lies zum Üben alles, was man lesen kann: Plakate · Zeitschriften · Beipackzettel von Medikamenten usw.

Wiederholtes Lesen

Es ist sinnvoll, einen längeren Text oder ein literarisches Werk zweimal zu lesen, denn bei jedem Lesen fallen dir neue Dinge auf.

Andeutungen und Hinweise wahrnehmen · eine Chronologie der Ereignisse erstellen

Aktives Lesen

Je aktiver man mit einem literarischen Text umgeht, umso leichter fällt das Erinnern und auch Einzelheiten werden besser im Gedächtnis verankert.
Das bedeutet: Mit aktivem bzw. kreativem Lesen kann man den Text besser aufnehmen, verstehen, „speichern“ und später auch wiedergeben (nacherzählen).

ein Lesequiz aus Fragen zum Inhalt ausdenken · ein neues Ende erfinden · die Perspektive wechseln (Wie würde z. B. der Wolf die Geschichte von Rotkäppchen erzählen?)

Fünf Schritte zum sicheren Verständnis von Sachtexten

Egal, ob du einen kurzen Lexikonartikel, einen Zeitungsbericht oder einen Sachtext aus deinem Biologiebuch liest: Es gibt fünf Arbeitsschritte, die dir das Verstehen eines gelesenen Textes erleichtern.
Damit du dir diese fünf Arbeitsschritte gut merken und sie so jederzeit auf jeden Text anwenden kannst, präge dir folgende Kurzfassung ein: die S-Q-3R-Methode.

Die S-Q-3R-Methode

Kürzel	Erklärung	Arbeitsschritt
S	englisch **s**urvey (durchschauen)	1. Schritt: Text überfliegen ❶
Q	englisch **q**uestion (fragen)	2. Schritt: Fragen an den Text richten ❷
R	englisch **r**ead (lesen)	3. Schritt: Text gründlich und genau lesen ❸
R	englisch **r**ecite (vortragen, erzählen)	4. Schritt: Verstandenes zusammenfassen ❹
R	englisch **r**epeat (wiederholen)	5. Schritt: Gelesenes aus dem Gedächtnis wiederholen ❺

Den Text überfliegen

- Lies nicht jedes einzelne Wort, sondern überfliege den Text lediglich (↑ S. 37).
- Achte auf Überschriften, Zwischenüberschriften, Überschriften von Diagrammen, Grafiken o. Ä. und Hervorhebungen im Text (*kursiv*, farbig oder **fett** gedruckte Wörter usw.).

Fragen an den Text richten

- Beantworte die W-Fragen:
  wer? was? wie? wann? wo? warum?.
- Auf welche weiteren möglichen Fragen gibt dir der Text noch Antworten?

Den Text genau lesen

- Lies den Text jetzt gründlich und konzentriert.
- Markiere Schlüsselwörter und Kernaussagen. Verwende dazu Textmarker und arbeite mit Randnotizen.

Den Inhalt zusammenfassen

- Fasse jeden Abschnitt des Textes in eigenen Worten zusammen. Orientiere dich dabei an den im 3. Schritt markierten Schlüsselwörtern und Kernaussagen.
- Beantworte die W-Fragen, die du dir im 2. Schritt gestellt hast.
- Versuche eine erste Bewertung des Textes:
  Wird eine These formuliert?
  Wird eine Begründung für einen Sachverhalt geliefert?
  Hat der Text eher beispielhaften Charakter? Oder richtet der Text eine Aufforderung, einen Appell, an die Leser?
  Welche Schlussfolgerungen werden im Text gezogen?

Das Gelesene aus dem Gedächtnis wiederholen

- Lies dir nur deine Notizen als Ganzes durch.
- Formuliere nun kurz und prägnant die Hauptaussage des Textes.
- Beantworte die Fragen zum Text aus dem Gedächtnis.

Mathematische Textaufgaben

„Mathevokabeln“ lernen

Besonders bei den Grundrechenarten gibt es mathematische „Vokabeln“, die man kennen muss. Prüfe deshalb zunächst immer, ob es in der Aufgabenstellung Begriffe gibt, die du nicht kennst, und schlage sie im Mathematikbuch nach.

Summe und Differenz · Produkt und Quotient · Basis und Exponent · Hypotenuse und Kathete

Text genau lesen

Bei Textaufgaben gilt grundsätzlich: Überlege, welcher mathematische Zusammenhang beschrieben wird, z. B. vermehren, hinzufügen = addieren; vermindern, wegnehmen = subtrahieren; Doppeltes, Dreifaches = multiplizieren; Drittel, der x-te Teil = dividieren.

Anna ist 1,55 m groß. In ihrem Zimmer können sich drei Mädchen ihrer Größe hintereinander von Wand zu Wand legen. Wie lang ist Annas Zimmer?

Vorgehen beim Lösen

1. Welche Zahlen und Größen sind gegeben? — 3 Mädchen, je 1,55 m groß
2. Welche Zahlen oder Größen sollen berechnet werden? — Zimmerlänge
3. Welche Rechenart brauchst du? — Multiplikation
4. Wie sieht der Lösungsweg aus? — $3 \cdot 1{,}55\ \text{m} = 4{,}65\ \text{m}$
5. Wie lautet der Lösungssatz? — Das Zimmer ist 4,65 m lang.

Beim Lösen von Sachaufgaben sollte man **mit System** vorgehen und zunächst genau herausfiltern, was gefragt ist.
Dazu ein Beispiel:

Aufgabe

Ein Fahrradhändler verkauft 144 Fahrräder für insgesamt 38 930 €. Darunter sind 35 Herrenräder zu je 319 € und 79 Damenräder zu je 285 €. Die übrigen sind Kinderräder. Wie viel kostet ein Kinderrad?

Aufgabenanalyse

Was ist gegeben?
Was ist gesucht?
In welcher Beziehung stehen die Größen zueinander?

f = Fahrräder gesamt
h = Anzahl Herrenräder
d = Anzahl Damenräder
k = Anzahl Kinderräder
p = Gesamtpreis
p_h = Preis pro Herrenrad
p_d = Preis pro Damenrad
p_k = Preis pro Kinderrad

Gegeben:
$f = h + d + k = 144$
$p = p_h \cdot h + p_d \cdot d + p_k \cdot k = 38\,930$

Gesucht: k, p_k

Ansatz

$p = p_h \cdot h + p_d \cdot d + p_k \cdot k = 38\,930\,€$

Gleichung umstellen:
$p_k \cdot k = p - p_h \cdot h - p_d \cdot d$

Ausrechnen:

$p_h \cdot h = 319\,€ \cdot 35 = 11\,165\,€$
$p_d \cdot d = 285\,€ \cdot 79 = 22\,515\,€$
$p_k \cdot k = 38\,930\,€ - 11\,165\,€ - 22\,515\,€$
$p_k \cdot k = 5\,250\,€$
$p_k = 5\,250\,€ : k$
$k = f - h - d = 144 - 35 - 79 = 30$
$p_k = 5\,250\,€ : 30 = 175\,€$

Lösung

Ein Kinderrad kostet 175 €.

4 Lernen mit dem Computer

Computer-Arbeitsplatz

Beim Aufstellen des Computers und des Bildschirms sollte man einige Punkte berücksichtigen:

- Achte auf eine **Arbeitshöhe,** die dir erlaubt, mit geradem Rücken zu sitzen. Insbesondere die Tastatur sollte tiefer liegen als eine normale Schreibarbeitsplatte.
- Unbedingt notwendig ist eine geeignete **Sitzgelegenheit**.
- Der **Bildschirmhintergrund** sollte nicht zu hell sein. Den Bildschirm sollte man deshalb nicht vor das Fenster stellen.

geeigneter Computertisch · ergonomisch geformtes Keyboard

höhenverstellbarer Stuhl

auf Lichteinfall von der Seite achten

Nutzungsanforderungen

Bevor man sich einen PC oder einen Laptop kauft, sollte man genau wissen, **für welchen Zweck** man das Gerät benötigt. Je nach Nutzungsart gibt es unterschiedliche Hardware und Zusatzgeräte. Das Gleiche gilt für alle Formen von Software.

Nutzungsarten: Textverarbeitung · Bild- und Grafikbearbeitung · Multimediaanwendungen · Präsentationen · Datenarchivierung · Internetrecherche · Kommunikation

Am **Bildschirm** sollte man nicht sparen. Konzentrationsmängel, Kopfschmerzen, Ermüdung der Augen und körperliche Verspannungen können die Folge sein. Dabei kommt es nicht allein auf eine geeignete Monitorgröße an.

Bildschirmeigenschaften: gute Auflösung · flimmerfrei · reflexions- und strahlungsarm · ausreichend Kontrast und Zeichenschärfe

Textverarbeitung

4

Verfassen von Texten

Vor allem beim Verfassen von Texten oder Zusammenstellen von Informationen ist ein Computer sehr hilfreich. Mithilfe eines Textverarbeitungsprogramms kannst du leicht

- Stichpunkte sammeln und ordnen,
- eine Gliederung entwerfen und wieder umstellen,
- ganze Sätze verschieben und immer wieder neu anordnen,
- Textseiten übersichtlich gestalten.

So können z. B. Überschriften, farbliche Hervorhebungen, Absätze und Abstände wirkungsvoll eingesetzt werden.

Textverarbeitung lernen: Kurse belegen · Handbücher nutzen · Freunde und Experten fragen · 10-Finger-System zum schnelleren Schreiben erlernen

Aufgepasst: Verlass dich nicht zu sehr auf die **Rechtschreibkontrolle** des Textverarbeitungsprogramms. Der PC findet nicht alle Fehler.

Text am Ende selbst korrigieren, z. B. mithilfe des Wörterbuchs

Lernsoftware

CD-ROM und DVD

Multimediale Lexika und **fremdsprachliche Wörterbücher** auf CD-ROM und DVD stellen die verschiedensten Informationen sehr vielseitig zur Verfügung: Zu den Lebensdaten eines Musikers hörst du auch ein paar Takte seiner Musik, historische Ereignisse werden durch Videofilme ergänzt, Animationen veranschaulichen die Funktionsweise von Maschinen oder technischen Geräten. Außerdem gibt es viele verschiedene Suchmöglichkeiten und Informationen, die Bücher nicht bieten können.

Brockhaus multimedial · elektronische Wörterbücher · elektronische Formelsammlungen

Edutainment

Lernprogramme, die **Wissen auf unterhaltsame und spielerische Weise** vermitteln, werden unter dem Begriff Edutainment zusammengefasst.
Einige Institutionen verleihen jährlich Preise für pädagogisch, inhaltlich und gestalterisch herausragende Bildungssoftware. Solchen Auszeichnungen kannst du in der Regel vertrauen.

Comenius-Medaille · digita · Giga-Maus · Bologna New Media Prize · Prix Möbius der UNESCO

Übungssoftware

Es gibt Lernsoftware, die ganz genau **auf den Schulstoff** oder sogar **auf bestimmte Schulbücher abgestimmt** ist. Grundprinzip dabei ist meist das intensive Üben und häufige Wiederholen. Man übt so lange, bis man z.B. eine bestimmte Satzkonstruktion oder einen Rechenweg auch wirklich beherrscht. Eine solche Software kann durchaus eine sinnvolle Ergänzung zum Unterricht sein, ist aber nicht immer spannend und abwechslungsreich.

lehrwerkbegleitend: Sprachtrainings- und Mathematikprogramme

lehrwerkunabhängig: Komplettrainer, die auf die jeweilige Schulstufe abgestimmt sind

Qualitätsanforderungen

Bewerte das Programm, das du kaufen möchtest, auch hinsichtlich seiner Qualität und Eignung für deine Zwecke. Suche z. B. nach Testergebnissen in Fachzeitschriften und Lernsoftwareführern. Auch Softwarepreise (↑ S. 48) sind ein Qualitätsmerkmal. Frage beim Fachhändler nach einer Computerecke zum Ausprobieren oder einer Demoversion für zu Hause.
Einige wichtige Kriterien zu Gestaltung, Inhalt und Ablauf, die du beim Kauf zugrunde legen kannst, findest du in der Checkliste (↑ S. 51).

Anforderungen: grafische Gestaltung · verschiedene Schwierigkeitsgrade · Anpassbarkeit auf eigene Bedürfnisse · individuelle Fehlerrückmeldungen · Zusatzangebote im Internet · angemessenes Preis-Leistungs-Verhältnis

Arbeitszeit beschränken

Die Arbeit am Bildschirm belastet Augen und Rücken. Außerdem ist die Konzentrationsfähigkeit begrenzt. Für alle Arbeiten am Computer gilt deshalb: Setze dir ein Zeitlimit.
Aufgepasst: Bedenke auch, dass die besonders schöne Gestaltung einer Seite oder eines Textes eine Zeitfalle sein kann. Verwende deine Arbeitszeit in erster Linie auf den Inhalt.

Das richtige Zeitlimit hängt sehr vom Alter und Lerntyp ab. Faustregel: 1 bis 1,5 Stunden pro Tag vor dem Bildschirm sind genug.

Weitere Nutzungsmöglichkeiten

Über die Nutzung von CD-ROMs hinaus bietet ein Computer zahlreiche weitere Möglichkeiten, z. B.:
- selbstständiges Programmieren,
- Erstellung von Präsentationen,
- Komponieren und Produzieren von Musik,
- Herstellung von Trickfilmen,
- Produktion einer Klassen- oder Schulzeitung.

Aufgepasst: Bevor du dir die erforderliche Ausstattung zulegst, solltest du dich mit dem Umgang mit der entsprechenden Technik vertraut machen. So weißt du, was du wirklich brauchst und auf was du verzichten kannst.

Umgang üben: Handbücher nutzen · Computerkurse · Computerprojekte und Arbeitsgemeinschaften im Unterricht anregen und wahrnehmen · Computerclub mit Freundinnen und Freunden gründen

CHECKLISTE: Auswahlkriterien für Lernsoftware

Softwaregestaltung

- ☐ Ist die Software leicht zu installieren und passen die Systemvoraussetzungen deines Rechners?
- ☐ Ist die Benutzeroberfläche übersichtlich und leicht bedienbar?
- ☐ Sind die Texte gut lesbar und bildschirmgerecht aufbereitet?
- ☐ Spricht dich die grafische Gestaltung an?
- ☐ Haben Bilder, Animationen, Sounds gute Qualität?
- ☐ Hat die Software eine ausreichende Hilfefunktion?

Inhalt

- ☐ Hat die Lernsoftware Bezug zu deinem Lernstoff?
- ☐ Kannst du die Inhalte leicht nachvollziehen? Verstehst du die gesprochenen und schriftlichen Texte?
- ☐ Sind die einzelnen Übungselemente vielseitig, spannungs- und abwechslungsreich?
- ☐ Ist die Software mit spielerischen Elementen als Pauseneinlage oder Belohnung verknüpft?
- ☐ Bietet die Software zusätzliche Arbeitswerkzeuge wie Wörterbuch, Formelsammlung, Druckfunktion o. Ä.?

Lernablauf

- ☐ Ist die Spielidee eher eine sachbezogene Trainingseinheit oder eine fortlaufende Geschichte?
- ☐ Wirst du leicht durch die einzelnen Lerneinheiten oder Lernmodule geführt?
- ☐ Sind Programmablauf und Lernschritte beeinflussbar (Reihenfolge, Tempo, Schwierigkeitsgrad)?
- ☐ Kannst du deinen Wissensstand und Lernerfolg überprüfen?
- ☐ Ist die Software durch mehrere Lerner nutzbar?

Das Internet dient der Verbreitung und dem Austausch von Daten. Wer es richtig nutzt, hat Zugriff auf eine Fülle von Informationen.

Information per E-Mail

E-Mail ist ein weitverbreitetes Kommunikationsmittel. Auch die meisten Homepages nennen E-Mail-Adressen oder verfügen über Kontaktformulare, sodass du eine Institution oder eine Organisation direkt anschreiben kannst.

um Material für ein Referatthema bitten · Auskünfte über Öffnungszeiten bestimmter Institutionen erfragen · Kontakt zu Museen aufnehmen · Klassenkameraden oder Lehrer per E-Mail um Rat fragen

Suchmaschinen

Eine Suchmaschine ist eine riesige Datenbank, die Textinformationen zu den Inhalten von Internetadressen enthält. Um Informationen zu finden, gibst du den Begriff, der dich interessiert, in die entsprechende Zeile auf der Startseite ein. Die unterschiedlichen Suchmaschinen haben verschiedene Suchstrategien. Halte dich an die Hinweise der Onlinehilfe.

www.google.de · www.yahoo.de
www.lycos.de

Internetportale

Internetportale öffnen dir den Weg zu zahlreichen Informationen. Der Vorteil: Verschiedene Anbieter eines gleichen oder ähnlichen Produkts arbeiten zusammen und stellen ihr Wissen gebündelt und systematisiert ins Internet.

Unter www.schuelerlexikon.de findest du z. B. die aktuelle Version zahlreicher Lexika für die Schule, aktuelle und thematisch sortierte Linklisten sowie Bilder und Videos zum Thema.

Newsgroups

Wenn du – vielleicht im Rahmen einer Beteiligung an einem Schülerwettbewerb wie „Jugend forscht" – auf aktuelle Daten oder Forschungsergebnisse angewiesen bist, dann schließe dich einer Newsgroup an. Du brauchst einen Zugang zu einem News-Server (z. B. Usenet für den Netscape Communicator) und die News-Client-Software. Mit dieser speziellen Software kannst du mit Suchbegriffen nach thematischen Newsgroups suchen.

Innerhalb solcher Diskussionsforen kannst du andere Meinungen kennenlernen und mit anderen Forschungsergebnisse zu eng begrenzten Themengebieten austauschen.

4

Aufgepasst!

- Prüfe immer die Seriosität deiner Internetquelle. Vergleiche die Antworten aus dem Internet mit Darstellungen in Büchern.
- Wenn du Informationen aus dem Internet für ein Referat oder eine Hausarbeit verwendest, gib immer eine Quelle an. Erstens ist es verboten, geistiges Eigentum von anderen als sein eigenes auszugeben, und zweitens könnte dir dein Lehrer auf die Schliche kommen und das Abschreiben mit einer schlechten Note quittieren.
- Wenn du fündig geworden bist, gehe in den Offline-Modus oder lade dir wichtige Informationen auf deinen Computer. So sparst du Gebühren.
- Besonders aktuelle Informationen, aktuelles Zahlenmaterial und interessantes Hintergrundwissen findest du auf den Homepages großer Tages- und Wochenzeitungen, Universitäten und Hochschulen.

5 Stressfrei lernen und selbstsicher werden

Wer häufig Angst vor Klassenarbeiten und Tests hat, kann mit einer guten Prüfungsvorbereitung und mit der Vermeidung von Stress Prüfungsangst bewältigen.

Erfolgreich lernen

Lerntechniken erwerben

Wer weiß, dass er gut und erfolgreich lernt, hat in der Regel weniger Angst. Versuche deshalb, Lerntechniken anzuwenden, mit denen du dir den Lernstoff erarbeiten und dauerhaft einprägen kannst.

Beispiele: auswendig lernen (↑ S. 18 ff.) · Texte verstehen und wiedergeben (↑ S. 34 ff.) · aktiv lernen (↑ S. 65 ff.)

Eigene Erfolge bewusst machen

Vergiss vor lauter Stress und Angst nicht, dir deine Erfolge bewusst zu machen. Positive Erfahrungen aller Art und auch kleine Verbesserungen, z. B. in deinem „Angstfach“, sind **Erfolgserlebnisse,** über die du dich freuen und für die du dich belohnen sollst.

musikalisches Können · sportliche Fähigkeiten · handwerkliche Fertigkeiten · technisches Wissen

Sicherheit durch Lerngruppen

Wer in der Gruppe erlebt, dass auch andere Schwierigkeiten mit dem Lernstoff haben, erspart sich unnötige Enttäuschung. Wenn man anderen etwas erklärt und Aufgaben ebenso gut lösen kann wie seine Mitschüler, lernt man die eigenen Fähigkeiten kennen und schätzen.

passende Lernpartner suchen · Lerngruppen gründen (↑ S. 12)

Zusammenarbeit in Gruppen will gelernt sein. Stellt gemeinsam **Regeln** auf und achtet darauf, dass sie von allen eingehalten werden.

sich gegenseitig zuhören · beim Thema bleiben · sich gegenseitig helfen

Beim **gegenseitigen Abhören** oder **wechselseitigen Erklären** mit Lernpartnern könnt ihr z. B. folgende Regeln aufstellen und beachten.

Regeln für den, der abfragt	**Regeln für den, der abgefragt wird**
Stelle deine Fragen so, dass sie auch wirklich beantwortet werden können.	Versuche ernsthaft, eine Frage zu beantworten, bevor du nach Hilfe verlangst.
Lass den anderen in ganzen Sätzen antworten.	Beantworte jede Frage in ganzen Sätzen.
Lass deinen Lernpartner ausreden, bevor du korrigierst.	Es ist keine Schande, Lücken einzugestehen – dann weißt du umso besser, was du noch lernen musst.
Lache den anderen nicht aus! Jeder macht Fehler.	Akzeptiere die Fragen deines Lernpartners.
Aufgepasst: Nach ungefähr acht bis zehn Fragen wird abgewechselt.	

Feste Lerngewohnheiten

Feste Lerngewohnheiten und ein geregelter Tagesablauf führen zu Erfolgen beim Lernpensum und tragen so zur Selbstsicherheit bei.

täglich 15 Minuten Vokabeln wiederholen · jeden Samstag zwei zusätzliche Matheaufgaben lösen

In die festen Lerngewohnheiten sollte auch eine **zusätzliche Beschäftigung mit dem Lernstoff** eingeplant werden. Egal, ob das Thema spannend oder eher langweilig ist: Je mehr man sich damit beschäftigt, umso mehr Spaß macht es.

Büchereien aufsuchen · Computer nutzen

Gelassenheit und Neugier

Geh jedes Thema mit Neugier und Gelassenheit an. Du kannst schließlich nicht wissen, ob dich ein Thema interessiert, bevor du herausgefunden hast, worum es eigentlich geht. Außerdem wirst du feststellen, dass dir das Lernen umso leichter fällt, je mehr du weißt. Das trägt zur Selbstsicherheit bei und motiviert für neue Aufgaben.
Aufgepasst: Mach dich unabhängig von der Meinung anderer. Dass die meisten deiner Klassenkameraden Chemie langweilig finden, sollte dich völlig unbeeindruckt lassen.

Neugierig sein: Wie funktioniert deine Schreibtischlampe? · Warum schreibt ein Füller und wie wird Tinte hergestellt?

Faszinierendes entdecken: „Sendung mit der Maus“, „Wissen macht Ah“ oder ähnliche Wissenssendungen schauen

Stress und Anspannung vermeiden

Positiv denken

Positives Denken (positive Suggestion) beginnt im Kopf, und zwar mit positiven Formulierungen.

- Wandle negative Gedanken deshalb in positive um, sei stets „dafür“ anstatt „dagegen“.
- Lass dieses positive Denken zu einer festen Gewohnheit werden.

„Ich bin nicht nervös.“ – „Ich bin ganz gelassen.“ · „Ich bin dagegen, am Wandertag zu wandern.“ – „Ich bin für einen Museumsbesuch am Wandertag.“

Entspannungstechniken

Wer weiß, wie er in einer belastenden Situation zur Ruhe kommt und sein inneres Gleichgewicht wieder findet, den bringt auch eine schwere Mathematikarbeit nicht mehr aus der Ruhe. Entspannungstechniken kann man erlernen.

Yoga- und Entspannungskurse, z.B. im Sportverein oder in der Volkshochschule · Bücher, Kassetten und CDs mit Entspannungsübungen

Für ausreichend Schlaf sorgen

Wer nicht ausgeschlafen ist, ist nicht entspannt. Und wer unausgeschlafen zur Schule geht, der verpasst, was dort an Lernstoff erklärt und vermittelt wird. Sorge deshalb dafür, dass du an Schultagen ausgeschlafen bist.

Kinobesuche und Partys aufs Wochenende verlegen · Fernsehen mit einem Limit begrenzen

Entspannt in den Tag starten

Was du heute kannst besorgen, das verschiebe nicht auf morgen! Bereite die Dinge, die du für den nächsten Tag brauchst, am Vorabend vor. So vermeidest du Stress und kannst den neuen Tag viel gelassener beginnen.

Schulsachen richten (Sportzeug, Zeichenutensilien nicht vergessen) · Kleidung zurechtlegen

Sport und Bewegung

Sport und Bewegung sorgen für einen positiven emotionalen Grundzustand. So wird der Kopf frei für neue Gedanken und neues Wissen.

in der Schule:
Pausen nutzen und über den Schulhof spazieren
in der Freizeit:
Sportverein · Bewegung im Freien

Positives Lernklima

Sorge für ein angenehmes Lernklima, indem du

- deinen Arbeitsplatz sinnvoll gestaltest, ↑ S. 4 ff.
- herausfindest, ob du mit oder ohne Musik, allein oder in einer Gruppe besser lernst, ↑ S. 8, S. 12
- deinem Biorhythmus Beachtung schenkst, ↑ S. 9
- versuchst, deinen Kopf vor dem Lernen frei zu machen, damit du dich ganz auf das Lernen konzentrieren kannst.

wichtige Dinge, die neben dem Lernen noch zu erledigen sind, auf einem Zettel notieren

Hilfe in Anspruch nehmen

Wer merkt, dass er allein nicht weiterkommt, sollte auch über Hilfe nachdenken.

- Wenn dich die Angst überfordert, solltest du mit deinen Eltern und Freunden sprechen.
- Wer seine Prüfungsangst nicht selbst in den Griff bekommt, sollte sich professionelle Hilfe suchen.
- Wenn es am Lernstoff liegt, dann kann in manchen Fällen Nachhilfe (↑ S. 13 f.) angebracht sein.

Hilfe bekommst du: beim Vertrauenslehrer der Schule · bei städtischen Beratungsstellen (Telefonbuch) · beim Schulpsychologen oder bei einem Arzt

CHECKLISTE: Selbstsicherheit trainieren

- ☐ In welchen Bereichen bist du erfolgreich? Überlege, wofür du schon gelobt worden bist.
- ☐ Kannst du dich über Erfolgserlebnisse freuen?
- ☐ Weißt du über die verschiedenen Lernmethoden oder Lerntechniken Bescheid und hast du sie schon ausprobiert?
- ☐ Lernst du zu festen Zeiten?
- ☐ Kannst du dich gut selbst motivieren?
- ☐ Weißt du, wie man positiv denkt und in belastenden Situationen zur Ruhe kommt?
- ☐ Sorgst du für ausreichend Sport und Bewegung an einem Tag oder wenigstens innerhalb einer Woche?
- ☐ Traust du dich an Dinge, Tätigkeiten und Aufgaben heran, die du noch nie zuvor gemacht hast?
- ☐ Kannst du dir vorstellen, dir bei Problemen Hilfe von anderen zu holen?

Etappenziele setzen

Was für das Schriftliche gilt, ist auch für das Mündliche richtig: Freue dich auch an kleinen Erfolgen. Es ist zwar nicht einfach, von einer Fünf auf eine Zwei zu kommen, aber auch der kleinste Erfolg ist ein großer Schritt in die richtige Richtung.

Frühstart hinlegen

Bist du für eine Unterrichtsstunde gut vorbereitet? Dann nutze diese Tatsache und melde dich gleich zu Beginn: Hausaufgaben vorlesen, Gelerntes wiederholen usw. Damit sammelst du auf jeden Fall Punkte.

Eine eigene Meinung haben

Habt ihr einen Text gelesen, zu dem du etwas zu sagen hast? Dann melde dich. Begründe dein Lob oder deine Kritik und lass dich auf Diskussionen mit deinen Mitschülern ein.

Gut zuhören

Nur wer zuhört, der weiß auch, worum es geht. Viele Lehrer deuten in der Fragestellung bereits an, worauf sie hinauswollen. Mach dir das zunutze: Hör aufmerksam zu, dann fallen dir viele Antworten leichter.

Fragen stellen

Es ist eine alte Schülerweisheit: Lehrer mögen es, wenn man an ihrem Fach und ihrem Thema Interesse zeigt. Du kannst also auch ruhig Fragen stellen, wenn der Bezug zum Thema gegeben ist. Auch das fließt in die mündliche Bewertung ein.

Erfolgreich mitarbeiten

Keine Angst vor falschen Antworten

Jedem passiert mal ein Fehler, und eine falsche Antwort ist nicht tragisch. Mit der Formulierung: „Vielleicht ist es ja auch so, dass …“ beweist du dein Interesse am Thema, auch wenn du nicht alles weißt. Hast du trotzdem Angst davor, dich zu melden?
Dann stehe dazu. Sag dir: „Selbst wenn ich vor Aufregung stottern muss – das macht nichts!“ Denn nur der Inhalt einer Aussage zählt. Und noch etwas: Sei fair gegenüber deinen Mitschülern und lach niemanden aus. Dann wirst du im umgekehrten Fall auch nicht verspottet.

Aktiv mitarbeiten

Redet ihr in Erdkunde gerade über ein Land, das du besonders gut kennst? Dann bringe Dinge mit, die typisch sind, erzähle von Gewohnheiten und Bräuchen, über die du gut informiert bist. Wenn ihr in Biologie über Getreide sprecht, dann besorge dir Roggen-, Weizen- und Gerstenhalme oder bring Bücher mit zu Themen, die ihr gerade durchnehmt. So bist du erstens zum Reden gezwungen, und zweitens macht der Unterricht gleich doppelt Spaß.

Richtig mitschreiben

Wenn du im Laufe der Stunde die Schlüsselwörter und Kernbegriffe eines Themas sorgfältig notierst, bist du in der nächsten Stunde schneller im Thema drin und kannst mündlich gut mitarbeiten.

6 Hausaufgaben und Klassenarbeiten

Hausaufgaben organisieren

Wer die Erledigung seiner Hausaufgaben richtig organisiert und sie sinnvoll angeht, dem fallen selbst unangenehme und knifflige Aufgaben leichter. Und dann können Hausaufgaben sogar richtig Spaß machen.

Hausaufgabenzeit

An manchen Tagen bleibt für die Hausaufgaben nur eine ganz bestimmte Zeit (↑ S. 10). Für alle anderen Tage gilt: Teste deine ideale Hausaufgabenzeit.

- Führe zwei Wochen lang ein Tagebuch darüber, wann du was erledigt und wie lange du dafür gebraucht hast.
- Werte das Ergebnis aus.

Beispiel für die Auswertung: Fielen dir die Aufgaben nach deiner Musikstunde besonders leicht? Dann erledige immer dann die Aufgaben, die dir sehr schwerfallen.

CHECKLISTE: Deine persönliche Hausaufgabenzeit

- ☐ Um welche Uhrzeit fällt es dir besonders leicht, dich zu konzentrieren? Wann hast du eher Schwierigkeiten?
- ☐ Kennst du deinen Biorhythmus (↑ S. 9)?
- ☐ Hast du einen individuellen Lernplan (↑ S. 10) für dich erstellt?

Planmäßiges Vorgehen gilt vor allem für **umfangreiche Aufgaben.**

- Zähle die Tage, die dir für die Bearbeitung tatsächlich zur Verfügung stehen. Tage, an denen du ganz sicher keine Zeit haben wirst, ziehst du gleich ab.
- Verteile die einzelnen Arbeitsschritte auf die zur Verfügung stehenden Tage. Vergiss nicht, einen Puffer für Unvorhergesehenes einzuplanen.
- Überprüfe regelmäßig, ob du noch im Zeitplan bist. Wenn du in Verzug gerätst, solltest du das Versäumte möglichst schnell aufholen.

Solche Aufgaben können sein: Lektüre lesen · Projektmappen anfertigen · ein Lesetagebuch erstellen

Hausaufgabenheft

Ein Hausaufgabenheft erleichtert die Organisation der Hausaufgaben. So weiß man immer, was zu erledigen ist. Achte darauf,

- am Ende jeder Unterrichtsstunde alle Aufgaben aufzuschreiben;
- auch selbstverständliche Tätigkeiten (z. B. Vokabeln lernen) jedes Mal erneut einzutragen;
- langfristige Hausaufgaben in kleine Abschnitte zu unterteilen und an verschiedenen Tagen einzutragen;
- erledigte Aufgaben durchzustreichen oder abzuhaken.

Abkürzungen verwenden, z. B. E für Englisch, Ek für Erdkunde, WB für Workbook usw.

Reihenfolge beachten

- Zu Beginn solltest du eine Hausaufgabe machen, die dir leichtfällt. So hast du schnell ein Erfolgserlebnis und der Arbeitsberg wirkt gleich viel kleiner.
- Die schwierigste Aufgabe sollte nicht erst zum Schluss erledigt werden, da die Konzentration dann bereits nachlässt.
- Ähnliche Aufgaben sollten möglichst nicht direkt nacheinander gelöst werden.
- Aufgaben, bei denen man sich stark konzentrieren muss, und kreative Aufgaben sollten sich abwechseln.

nie zwei Fremdsprachen hintereinander lernen

Zeichnen zur Entspannung zwischen Mathematik und Vokabeln

Selbstmotivation

Lenke dich nicht selbst ab, indem du immer neue Dinge suchst, die du noch vor deinen Hausaufgaben erledigen könntest, sondern versuche, dich zum Arbeiten zu motivieren.

Wichtiges auf einem Zettel oder im Kalender notieren · Positiv denken (↑ S. 57) · Störquellen ausschalten (↑ S. 8)

Teile dir die Aufgaben in mehrere kleine Schritte ein. So vermeidest du Überforderung und Frustration und kommst schneller zu Erfolgserlebnissen.

nicht mehr als zehn Vokabeln auf einmal · drei Textaufgaben nacheinander sind genug

Aktiv lernen

Aktiv lernen heißt, sich immer wieder mit dem gleichen Lernstoff zu beschäftigen, und zwar auf so vielfältige Art wie möglich. Beleuchte deshalb ein Problem aus unterschiedlichen Perspektiven.

im Lexikon nachschlagen (↑ S. 66) · Diagramme oder Tabellen anfertigen (↑ S. 83 ff.)

Wer aktiv lernt, findet schneller heraus, was wichtig ist. So wird neues Wissen viel rascher und dauerhafter im Gedächtnis verankert.

Beispiele: Vokabelkartei (↑ S. 22) · Texte richtig lesen (↑ S. 34 ff., S. 87)

Lernposter

Fast jeder Lernstoff ist geeignet.

- Notiere auf einem Extrablatt, was auf deinem Lernposter stehen soll.
- Übertrage alle Punkte übersichtlich mit einem dicken Stift auf ein großes Blatt Papier.
- Hänge das Poster an eine Stelle, an der du oft vorbeikommst.

Vokabeln · Regeln zur Grammatik · Formeln

Pronomen (Beispiel):

PRONOMEN

Personalpronomen
ich, du …
Was machst **du?**

Possessivpronomen
mein, dein …
unser Hund

Demonstrativpronomen
dieser, jenes …
dieses Fenster

Relativpronomen
der, die, das …
Der Junge, **der** …

Richtig nachschlagen

Schlage nach, wenn du bei den Hausaufgaben unsicher bist. Mit folgenden Tricks kannst du deine Nachschlagegeschwindigkeit erhöhen:

- Nutze das **Buchstabenregister.** Es ist von außen sichtbar und hilft, den gesuchten Buchstaben schnell zu finden.
- Achte beim Nachschlagen auf die **Leitwörter** links oder rechts oben. Nur wenn dein Wort im Alphabet zwischen diesen beiden Wörtern steht, wirst du es auch auf dieser Seite finden.

Rechtschreib- und Fremdwörterduden · Englisch-Wörterbuch · Jugendlexikon

Keiner kann alles wissen, jedoch sollte man wissen, wo Antworten zu finden sind: Regeln zur Schreibung von Zahlen oder Wochentagen findet man unter der Zahl und dem Wochentag, die im Alphabet als Erste kommen.

Beispiel:
Schreibt man Neunziger Jahre oder Neunzigerjahre? – Schlag im Rechtschreibduden bei achtzig nach!

Beachte auch die **farbigen Infokästen.** Hier findest du die Regeln zu besonders schwierigen Zweifelsfällen. Viele Jugendlexika verfügen darüber hinaus über besonders gestaltete Seiten, die ein bestimmtes Thema vertiefen und hilfreich für dich sein können.

golden:
die **g**oldene Hochzeit · das **G**oldene Buch der Stadt

CHECKLISTE: Hausaufgaben

Die richtigen Voraussetzungen

- ☐ Ist dein Arbeitsplatz richtig und zweckmäßig eingerichtet?
- ☐ Hast du alle Arbeitsmittel zur Hand?
- ☐ Weißt du, wie du Störquellen ausschalten kannst?
- ☐ Kennst du deine individuelle ideale Hausaufgabenzeit?
- ☐ Hast du einen Lernplan für dich erstellt (↑ S. 10) und Puffer für Unvorhergesehenes eingeplant?
- ☐ Hast du ein Hausaufgabenheft und weißt du, wie du es sinnvoll führen kannst?
- ☐ Nimmst du deine Hausaufgaben schrittweise und nach einem Plan in Angriff?
- ☐ Denkst du daran, dass du in deinem Aufgabenheft erledigte Aufgaben durchstreichst oder abhakst?
- ☐ Kannst du dich selbst zum Lernen motivieren und dich auf deine Hausaufgaben konzentrieren oder lenkst du dich ständig selbst vom Arbeiten ab?
- ☐ Weißt du, wie man aktiv lernt?
- ☐ Wechselst du zwischen Aufgaben, die für dich schwierig sind, und Aufgaben, die du als leicht empfindest, ab?

Richtig nachschlagen

- ☐ Hast du Nachschlagewerke zur Verfügung?
- ☐ Weißt du, wo du dir Nachschlagwerke ausleihen kannst?
- ☐ Kennst du die kleineren Tricks beim Nachschlagen?

Alles geschafft

- ☐ Hast du dir eine Belohnung ausgedacht, wenn du alle Hausaufgaben erledigt hast?

Klassenarbeiten

Jede Klassenarbeit ist angekündigt, sodass du dich rechtzeitig darauf vorbereiten kannst. Wer regelmäßig am Ball bleibt, wird auch nicht von unangekündigten oder kurzfristig bekannt gegebenen Tests überrascht. *Aufgepasst:* Lerne nicht alles auf einmal. Teile den Lernstoff in **kleine Portionen** ein und lerne jeden Tag ein bisschen. So merkst du dir Gelerntes besser und fühlst dich sicherer.

Täglich 15 Minuten Mathematik üben ist effektiver als drei Stunden büffeln an einem Tag.

Wissen speichern

Als langfristige Vorbereitung für Klassenarbeiten in dem Fach, das dir am schwersten fällt, kannst du es einmal mit einem **Merkheft** versuchen. Das ist zwar etwas aufwendiger, aber du kannst jederzeit auch kurzfristig darauf zurückgreifen.

- Übertrage alle durchgenommenen Regelkästen aus deinem Schulbuch und -heft sauber in dein Merkheft.
- Habt ihr in der Schule keine Regeln formuliert und aufgeschrieben, überlege sie dir selbst.
- Lies dir jedes Mal, wenn du eine neue Regel aufschreibst, die bisherigen durch. So prägst du sie dir ein.

Englisch-Merkheft: Zeiten und dazugehörige Signalwörter · unregelmäßige Verben · if-clauses

Latein-Merkheft: Konjugationen und Deklinationen

Vorzeichen erkennen

Achte auf die Vorzeichen einer Klassenarbeit: Übungsdiktate, Wiederholungen des Lernstoffs im Unterricht, Hausaufgaben, die eine Wiederholung des Lernstoffs beinhalten, und Hinweise auf den bevorstehenden Notenschluss sind einige Anzeichen, die sehr wahrscheinlich auf eine Klassenarbeit hindeuten.

Bekannten Lernstoff wiederholen

In den meisten Fächern baut der neue Lernstoff auf älterem, bereits bekanntem Wissen auf. Vergiss daher nicht, Lernstoff **regelmäßig** zu wiederholen.

Vokabelkartei (↑ S. 22), Fächer 3 und 4 · Matheaufgaben aus dem letzten Jahr

Spickzettel

Erarbeite dir den Lernstoff aktiv, überlege, wo du noch unsicher bist, schreibe das, was du auf keinen Fall vergessen willst, auf einen kleinen Zettel und lies ihn dir immer mal wieder durch.
Wirf diesen Spickzettel vor der Klassenarbeit unbedingt weg. So gehst du kein unnötiges Risiko ein, von deinem Lehrer erwischt zu werden, und kannst gelassen in die Arbeit gehen.

Inhalte für den Spickzettel: schwierige Vokabeln · Inhalt der Lektüre in Kurzform · komplizierte Matheformeln

Klassenarbeit gelassen angehen

Hör am Nachmittag vor der Arbeit auf zu lernen und beschäftige dich mit Dingen, die dir Spaß machen. Geh nicht zu spät ins Bett und achte darauf, dass du genügend Schlaf bekommst.

einem Hobby nachgehen · Sport treiben · ein Buch lesen · mit Freunden telefonieren

Meide am Tag der Klassenarbeit die Mitschüler, die noch in den letzten Minuten vor der Arbeit Vokabeln lernen oder sich mit „Wie ging das noch?“-Fragen verrückt machen.

auf dem Pausenhof spazieren gehen · Erfolgserlebnisse ins Gedächtnis rufen

Zeiteinteilung

Bei Klassenarbeiten ist es wichtig, sich die Zeit gut einzuteilen:

- Lies dir die Aufgaben gründlich durch und beginn mit der, die dir am leichtesten fällt.
- Mach dir bewusst, wie viel Zeit dir zur Verfügung steht. Teile die verbleibende Zeit sinnvoll ein.
- Hake die Aufgabenteile, die du schon erledigt hast ab. So behältst du den Überblick.
- Schau während der Klassenarbeit nach jedem Arbeitsschritt auf die Uhr, um zu sehen, ob du noch im Zeitplan bist. So siehst du, ob du dich beeilen musst.

Beispielzeitplan für einen Aufsatz (90 Minuten): Aufgabe lesen: 5 Minuten · Stichworte sammeln: 10 Minuten · Gliederung erstellen: 15 Minuten · ausformulieren: 50 Minuten · durchlesen und verbessern: 10 Minuten

Bei Mathematikarbeiten kannst du dich an der Punktzahl orientieren:

- Teile die zur Verfügung stehenden Minuten durch die Gesamtpunktzahl („Minuten je Punkt").
- Rechne aus, wie viele Minuten du für eine Aufgabe Zeit hast.
- Wenn diese Zeit um ist und du nicht weiterkommst, brich ab und bearbeite die nächste Aufgabe.

Beispielzeitplan für eine Mathearbeit (90 Minuten): zwei Aufgaben mit 5 und zwei Aufgaben mit 10 Punkten, insgesamt 30 Punkte. D. h. 3 Minuten je Punkt oder je 15 Minuten für die ersten zwei und je 30 Minuten für die anderen zwei Aufgaben

Lerntechniken verbessern

Überlege dir nach einer Klassenarbeit ganz genau, wie du dich darauf vorbereitet hast, und finde heraus, wie du deine Arbeitsmethodik verbessern kannst.

Aufgepasst: Fange nach einer misslungenen Klassenarbeit möglichst bald mit dem Lernen für die nächste an. So entsteht kein Zeitdruck.

Hast du viel zu wenig oder zu viel auf einmal gelernt? · Hast du aktiv gelernt (↑ S. 65)?

Versuche, bei der Vorbereitung für die nächsten Arbeiten von nun an vernetzt zu lernen, d. h., schaffe Zusammenhänge, die du verstehst und die dir einleuchten. So wird Wissen in mehreren „Speicherplätzen" gesammelt und ist dauerhafter verfügbar.

Merktechniken (↑ S. 30 ff.)

Fehlerschwerpunkte finden

Wenn eine Arbeit nicht ganz so gut gelungen ist, gib nicht gleich auf. Die Note sagt nur etwas über deine Leistung in dieser Arbeit, nicht über deine Leistungen im Allgemeinen. Vielmehr solltest du deine Fehler genau untersuchen. Das Wichtigste dabei ist: Schaue dir die Arbeit sehr gründlich an. Vergleiche deine Arbeit mit der eines Mitschülers.

Leitfragen:
Was ist richtig? · Welche Fehler habe ich gemacht? · Habe ich mich richtig vorbereitet?

Um Lücken schließen zu können, muss man seine Fehlerschwerpunkte genau analysieren:

Beispiel für die Fehleranalyse:

- Nimm dein letztes Zeugnis und die Arbeiten des letzten Halbjahres. Leg eine Tabelle an, in die du für jedes Fach alle Noten einträgst. Welches ist dein schwächstes Fach?

eine Vier in Deutsch

- Schau dir dieses Fach genauer an. Waren alle Arbeiten und Tests gleich schlecht oder hast du nur bestimmte Probleme gehabt?

gute Aufsätze, aber miserable Diktate

- Untersuche jetzt deinen schlechtesten Bereich noch genauer und überprüfe, wo du die meisten Fehler gemacht hast.

Rechtschreibung war gut, aber viele Zeichensetzungsfehler

- Arbeite nun gezielt an deinem größten Problem. Wenn du es in den Griff bekommen hast, kannst du das zweitgrößte angehen usw.

CHECKLISTE: Klassenarbeiten

Richtige Vorbereitung

- ☐ Weißt du, wann du mit dem Lernen anfangen musst?
- ☐ Kennst du das Thema der Klassenarbeit?
- ☐ Was kannst du bereits?
- ☐ Hast du den Eindruck, dass du Teile des Stoffs wirklich sicher beherrschst?
- ☐ Was musst du noch intensiv lernen, was brauchst du lediglich aufzufrischen?
- ☐ Kannst du den Lernstoff in kleine Portionen einteilen?
- ☐ Führst du ein Merkheft?

Gelassen bleiben

- ☐ die Vorbereitung am Nachmittag vor der Klassenarbeit abschließen
- ☐ frühzeitig ins Bett gehen
- ☐ positiv denken
- ☐ nicht von der Nervosität anderer anstecken lassen

Während der Arbeit:

- ☐ Aufgaben gründlich lesen
- ☐ einen sinnvollen Zeitplan für die Bearbeitung der Aufgaben erstellen
- ☐ Klassenarbeit in Teilschritte einteilen und einen Teil nach dem anderen bearbeiten
- ☐ mit der Aufgabe anfangen, die dir am leichtesten fällt
- ☐ prüfen, ob du im Zeitplan bist

Nach der Arbeit:

- ☐ Lerntechniken verbessern
- ☐ Fehler analysieren und Fehlerschwerpunkte herausfinden

Wer Wissen erfolgreich und dauerhaft in seinem Gedächtnis verankern will, kann das mit sinnvollem Wiederholen erreichen. Je nachdem, wie schwierig ein Lernstoff und wie groß dein Interesse für das Thema ist, sind zwischen vier und sechs Wiederholungen nötig, damit du zuverlässig auf erworbenes Wissen zurückgreifen kannst. Damit dir auch das Wiederholen in Zukunft leichter fällt, hier einige Tipps:

1. In sinnvollen Zeitabständen wiederholen

Ein erstes Wiederholen des Lernstoffs solltest du gleich **am ersten Tag** in Angriff nehmen.

Nimm dir deine Notizen (einen Spickzettel, ein Diagramm, ein Schaubild o. Ä.) zur Hand und lies dir genau durch, was du geschrieben hast. Wenn du das kurz vor dem Einschlafen machst, hat dein Gedächtnis Ruhe und Gelegenheit, diese Informationen zu verarbeiten – du lernst tatsächlich „im Schlaf".

Je neuer der Lernstoff ist, desto kürzer sind die Abstände, in denen du dich mit dem Gelernten befassen solltest – versuche z. B., **jeden zweiten Tag** eine kurze Wiederholungsphase einzulegen. Je sicherer du den Stoff beherrschst, desto größer werden auch die zeitlichen Abstände, die zwischen zwei Wiederholungsphasen verstreichen.

Systematisch wiederholen

In vielen Unterrichtsfächern baut der Lernstoff eines neuen Kapitels auf vorangegangenen Themen auf. Denke beim Wiederholen deshalb daran, dass du zunächst die vorangegangenen Themen auffrischst. Dann fällt dir das Lernen leichter.

Wiederhole z. B. zuerst die Vokabeln der Unit 3 und 4, bevor du dich mit Unit 5 beschäftigst.

Abwechslungsreich wiederholen

Je aktiver ein Lernstoff wiederholt wird, desto leichter fällt das Behalten. Jede neue Lernmethode verlangt, dass du dich erneut gezielt mit dem Stoff auseinandersetzt.

Arbeitsblätter · Rätsel in den verschiedensten Formen (Kreuzworträtsel, Buchstabengitter usw.) · Lernspiele · Vokabelkartei · Lernposter · Lernen am Computer

2. Richtig erinnern

Wenn du denkst, dass du den Lernstoff ausreichend wiederholt hast, dann versuche, dein Wissen abzurufen. Das geht leichter, wenn du dich gedanklich zurückversetzt in die Situation, in der du gelernt und wiederholt hast.

Hast du gemeinsam mit Freunden gelernt? Dann erinnere dich daran, worüber ihr gemeinsam gelacht oder euch gewundert habt.

Auch die verschiedenen Techniken (Assoziationsmethode, Loci-Methode ↑ S. 30 f.), die du anwendest, um Lernstoff im Gedächtnis zu verankern, helfen beim Erinnern.

3. Prüfungssituation simulieren

Wenn du nun meinst, den Lernstoff sicher zu beherrschen, dann simuliere die Situation, die dich in der Klassenarbeit erwartet. So merkst du ganz schnell, welcher Stoff doch noch nicht richtig „sitzt“. Außerdem gehst du gelassener in eine Arbeit oder eine Prüfung, weil du die Situation ja bereits kennst.

Nimm ein Blatt Papier, setz dich weg von deinem Schreibtisch in ein anderes Zimmer und schreib auf, woran du dich erinnerst.

7 Informationen sammeln und aufbereiten

Recherche

Für Vorträge, Referate (↑ S. 86 ff.) oder auch für Artikel einer Schülerzeitung gilt: Zunächst muss man sich **geeignetes Material** zum Thema beschaffen.
Gib dich bei der Suche nicht vorschnell zufrieden, aber verliere auch nicht den Überblick durch zu viel Material. Frage dich:

- Wie weit will ich das Thema insgesamt fassen?
- Welches Material ist geeignet?
- Welche Quellen zur Informationsbeschaffung stehen mir zur Verfügung?

Aufgepasst: Die Materialien müssen verfügbar und verständlich sein (Buchtitel können vergriffen sein).

Möglichkeiten der Recherche:
Privat- oder öffentliche Bibliothek · Museum · Fernleihe · Expertenbefragung · Internet (↑ S. 52 f.)

Die Hauptleistung einer Recherche besteht darin,

- einen **Überblick** zu gewinnen,
- das **Wichtigste herauszufinden**

und die

- Informationen in eine **sinnvolle Reihenfolge** zu bringen.

Texte verstehen und wiedergeben (↑ S. 34 ff.) · Referate (↑ S. 86 ff.)

Recherchequellen

Bei deiner Informationssammlung solltest du gezielt vorgehen und die Quellen nutzen, die dich rasch und umfassend mit Material versorgen.

- So benötigst du zur Ausleihe in einer **Bibliothek** einen Leihausweis.
- **Experten,** die du befragen willst, sollten sich gut in deinem Thema auskennen.
- In **Museen** kannst du dich an kompetente Ansprechpartner wenden oder die Museumskataloge studieren.
- Informiere dich, ob demnächst **Fernsehberichte** zu deinem Thema ausgestrahlt werden.

Reiseleiter · Journalisten der Lokalredaktion

Broschüren als Anschauungsmaterial

Programmzeitschriften · Internet

CHECKLISTE: Recherchemöglichkeiten

- ☐ Stehen zum Thema passende Bücher in deinem Regal?
- ☐ Stehen im Regal deiner Eltern, deiner Freunde oder Nachbarn Bücher, die du dir ausleihen kannst?
- ☐ Besitzt du einen Leihausweis für eine Bibliothek?
- ☐ Weißt du, wie die Fernleihe bei einer Universitätsbibliothek funktioniert?
- ☐ Weißt du, wie man sich Informationen aus dem Internet beschaffen kann?
- ☐ Kennst du einen Experten, den du befragen kannst?
- ☐ Gibt es in deiner Nähe ein Museum, das einen Bezug zu deinem Thema hat?
- ☐ Gibt es Fernsehberichte oder -dokumentationen zu deinem Thema?

Mitschriften

Manche Informationen werden mündlich, z. B. in Form eines (Lehrer-) Vortrags, präsentiert. Damit man Mitschriften später auch sinnvoll nutzen kann, z. B. bei der Vorbereitung auf die Klassenarbeit, sollte man einige Dinge beachten.

Richtig zuhören

Wer sofort alles mitschreibt, denkt dabei häufig eigene Gedanken zu Ende und kann so zu anderen Ergebnissen kommen als der Redner oder die Rednerin. Also: **Erst zuhören, dann schreiben!**

Richtig mitschreiben

Eine Mitschrift ist keine Dokumentation. Deshalb sollte man erst gar **nicht** versuchen, einen Vortrag **wortwörtlich** mitzuschreiben, sondern mit Stichwörtern arbeiten.

Die **Stichwörter** sollte man beim Mitschreiben so auf dem Papier **anordnen,** dass Zusammenhänge und Beziehungen deutlich werden. Mit Pfeilen können Beziehungen dargestellt werden.

Stichwörter einrücken · Oberbegriffe darüber schreiben · mit verschiedenfarbigen Stiften schreiben

Zwischen den Stichwörtern lässt man **Zwischenräume** für nachträgliche Ergänzungen. Meist stellt der Vortragende zentrale Gedanken in den Mittelpunkt, die er dann genauer ausführt.
Aufgepasst: Wenn eine Mitschrift zu umfangreich ist, ist es schwierig, sie gedanklich nachzubereiten. Daher sollte man sich **auf das Wesentliche beschränken.**

Unterpunkte zu den Hauptgedanken notieren

Gängige Abkürzungen verwenden

Verwende Abkürzungen, aber nur solche, die auch im Nachhinein noch verständlich sind. Dazu gehören etwa alle gängigen Abkürzungen.

d. h. = das heißt · z. B. = zum Beispiel

Eigene Abkürzungen definieren

Namen und Begriffe sollte man nicht abkürzen, da man sie später häufig nicht mehr versteht, wenn man sich in ein Thema vertiefen will.
Wenn du jedoch die zentralen Begriffe eines Vortrags erkannt hast, kannst du dir selbst Abkürzungszeichen ausdenken.
Aufgepasst: Achte darauf, sinnvolle Abkürzungen zu definieren. Sie müssen einen augenfälligen Bezug zum abgekürzten Wort haben.

Beispiel:
Vortrag zum Thema **Ö**kosystem – **Ö** für Ökosystem einsetzen

So funktioniert eine Mind-Map

Sinngemäß kann man den englischen Ausdruck Mind-Map mit „Erinnerungsplan“ oder „Gedankenlandkarte“ übersetzen (mind = Gedanke, Gedankengang; map = Landkarte). Die Struktur einer Mind-Map erinnert an einen Baum aus der Vogelperspektive betrachtet. Der Stamm bildet dabei den Mittelpunkt und steht für das Hauptthema. Von diesem Stamm zweigen in alle Richtungen einzelne Haupt- und Nebenäste ab, welche die Einzelaspekte des Hauptthemas – nach Wichtigkeit sortiert – beschreiben. Jeder Ast wird mit Oberbegriffen und Bildern/Symbolen beschriftet. Die Äste und Seitentriebe zeigen die jeweiligen Beziehungen auf. Kommen neue Aspekte zum Hauptthema oder seinen Teilbereichen hinzu, lässt sich eine Mind-Map jederzeit um neue Äste erweitern.

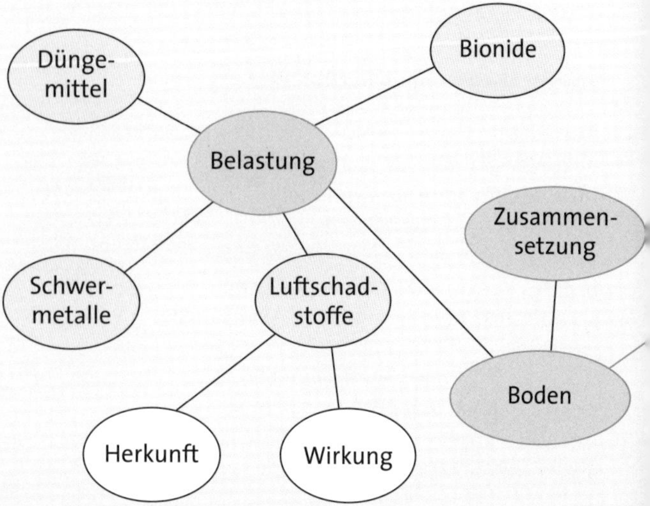

Nutzung und Gestaltung einer Mind-Map

Mind-Maps können während des Unterrichts als effektive Art des Mitschreibens genutzt werden oder bei der Auswertung von Informationen beim Lesen von Texten oder Erarbeiten von Referaten eingesetzt werden. Gehe so vor:

- In die Mitte eines Blattes schreibst du das Hauptthema, einen zentralen Begriff.
- Von diesem Zentrum ausgehend zeichnest du nach rechts und links mehrere dicke Hauptzweige. Diese sind für die Oberbegriffe des Themas reserviert.
- Ergeben sich beim Zuhören, Lesen oder Nachdenken weitere Kernbegriffe, zeichnest du an die entsprechenden Oberbegriffe weitere Zweige und belegst sie mit diesen Kernbegriffen.

Aufgepasst: Die Zweige sollten immer untereinander verbunden sein.

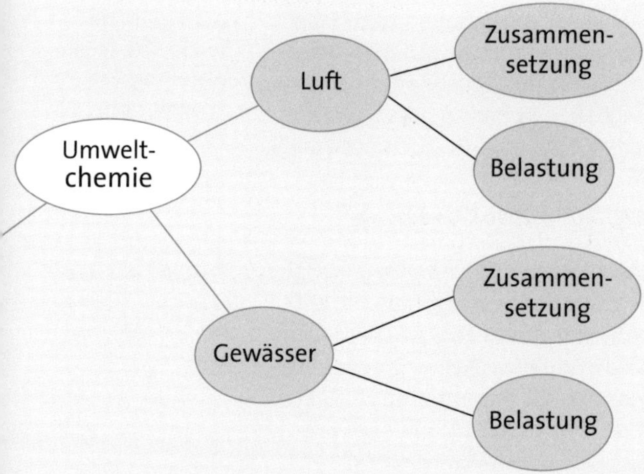

7

Informationen gliedern

Um die gesammelten Informationen besser verstehen und präsentieren zu können, muss man sie logisch gliedern. Manchmal gibt das Thema (z. B. eine Biografie) bereits eine bestimmte Gliederung vor.

Chronologische Gliederung

Bei vielen Ereignissen und Tatsachen hält man sich bei der Gliederung an die Reihenfolge, in der sich die Dinge ereignet haben, d. h., man geht chronologisch vor.

Themen aus der Geschichte · Biografien · Bedienungsanleitungen

Räumliche Gliederung

Manche Informationen kann man nur weitergeben, wenn man sich an tatsächlichen Gegebenheiten orientiert. Dies ist häufig bei geografischen Zusammenhängen notwendig.

Weg- und Ortsbeschreibungen · Wohnungsbeschreibungen

Argumentative Gliederung

Die meisten Sachverhalte haben Vor- und Nachteile. Wenn man mithilfe von Informationen eine These formulieren und eine Meinung oder einen Standpunkt präsentieren will, geht man am besten argumentativ vor.

Pro-und-Kontra-Debatten · Erörterungen · Diskussionen

Informationen visualisieren

Durch die **optische Aufbereitung** von Informationen setzt man sich aktiv mit einem Thema auseinander. Wichtige Daten und Fakten bleiben besser im Gedächtnis haften durch:

- **Übersichtlichkeit,**
- ein besseres **Textverständnis** durch zusätzliches visuelles Verstehen,
- die größere **Aussagekraft** optisch aufbereiteter Inhalte.

Tabellen · Diagramme · Mind-Maps u. a.

Tabellen

Es gibt zahlreiche Möglichkeiten, Informationen und inhaltliche Beziehungen optisch darzustellen. Eine wichtige Form ist die Tabelle. Sie ist besonders sinnvoll, wenn es um eine Auflistung von Reihenfolgen, um Sortierungen oder Vergleiche von Oberbegriffen oder regelmäßig wiederkehrenden Strukturen geht.

Stundenplan · Konjugationstabellen unregelmäßiger Verben

Europäische Staaten im Vergleich

	Deutschland	Frankreich	Italien
Hauptstadt	Berlin	Paris	Rom
Staatsform	Republik	Republik	Republik
Landesfläche	357 000 km^2	547 965 km^2	301 302 km^2
Einwohnerzahl	81,6 Mio.	58,3 Mio.	57,2 Mio.
Bevölkerungsdichte	228 Ew/km^2	105 Ew/km^2	190 Ew/km^2

Diagramme

Säulendiagramm · Kreisdiagramm · Baumdiagramm · Liniendiagramm · Flussdiagramm

Es gibt unterschiedliche Diagrammformen, welche relativ leicht anzufertigen sind. Diese Form der grafischen Darstellung von Zahlen erklärt einen Sachverhalt **anschaulicher und übersichtlicher** als ein entsprechender Text. Diagramme machen Größenunterschiede und -verhältnisse sichtbar.

- Ein **Säulendiagramm** wird vertikal (von unten nach oben) gefertigt und gelesen.

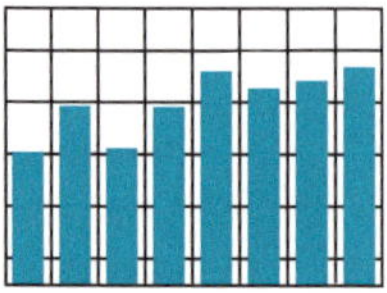

- Ein **Balkendiagramm** schreibt und liest man von links nach rechts. Säulen- und Balkendiagramme sind z. B. sinnvoll für: Wahlergebnisse der einzelnen Parteien nach der Stimmauszählung in Prozent.

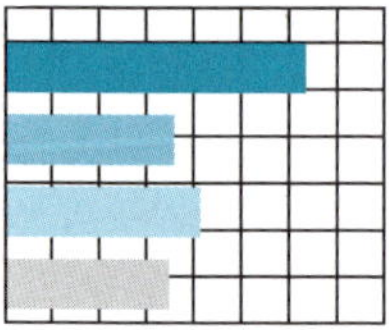

- Mithilfe eines **Kreisdiagramms** (auch **Kuchendiagramm**) wird veranschaulicht, aus welchen kleineren Einheiten ein Ganzes zusammengesetzt ist. Der Kreis verdeutlicht das Ganze, also die Gesamtmenge. Die „Kuchenstücke“ weisen die Anteile auf. Sinnvoll z. B. für: die Sitzverteilung der gewählten Parteien im Parlament.

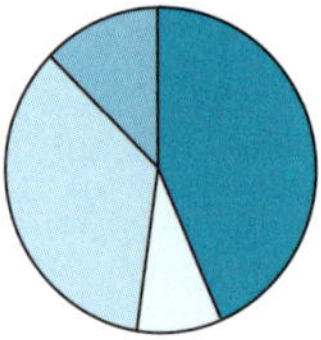

- Ein **Liniendiagramm** wird oft auch **Kurvendiagramm** genannt. Es eignet sich, um Entwicklungen, Verläufe oder (dynamische) Prozesse zu visualisieren. Sinnvoll z. B. für: Börsenkurse, Klimaentwicklung, Wahlergebnisse im Verlauf von mehreren Jahren.

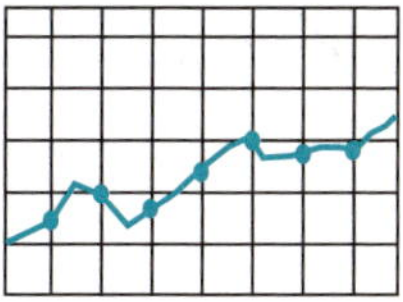

- **Flussdiagramme** eignen sich, um Sinnzusammenhänge, insbesondere Verläufe oder Entwicklungen (dynamische Prozesse), zu veranschaulichen.

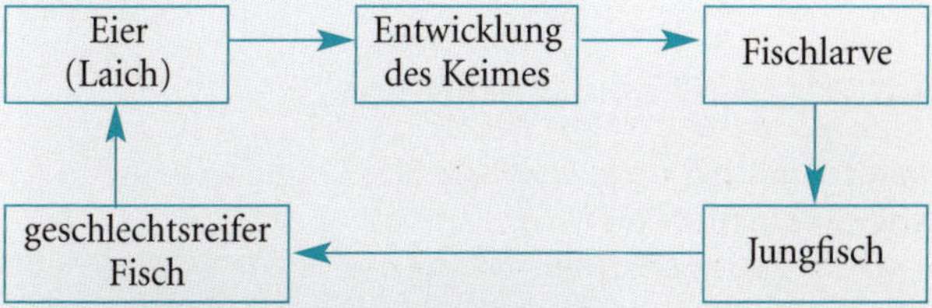

- Die grafische Darstellung mit einem **Baumdiagramm** funktioniert ähnlich wie eine Mind-Map (↑ S. 80 f.). Es bietet sich an, um Informationen strukturiert darzustellen und miteinander in Verbindung zu bringen.

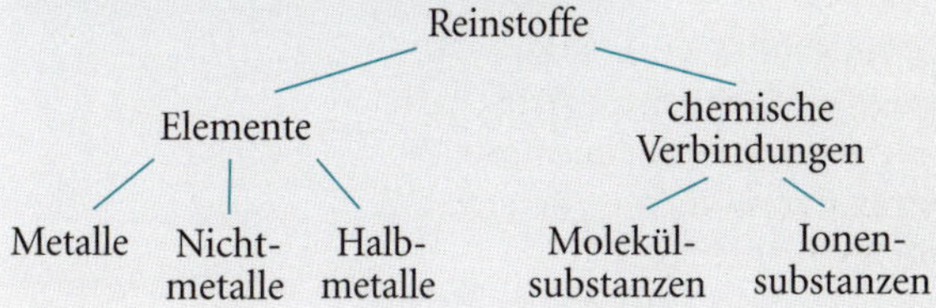

8 Referate halten

Um ein gutes Referat zu halten, sammelt man als Erstes zu einem Thema zahlreiche Informationen (Recherche ↑ S. 76 f.) und ordnet und verarbeitet sie sinnvoll. Man muss einige Aspekte beachten, um dieses Wissen als Vortragender vor einer Gruppe von Zuhörern weiterzugeben.

Kurzreferat (5 bis 10 Minuten) · Referat (ausführlichere Präsentation von Informationen) · Vortrag (komplexere Fragestellungen aufgreifen)

Informationen auswählen

Finde zunächst heraus, welche Bücher und/oder Texte für das Thema wichtig sind. Bibliothek und Internet liefern eine Fülle von Material. Die Aufgabe besteht darin, aus diesem **Material** vernünftig **auszuwählen.**

- Lies das **Inhaltsverzeichnis** des ausgewählten Buches.
- **Notiere** dir das- oder diejenigen **Kapitel,** die zu deinem Thema passen.
- Überlege dir zentrale **Begriffe,** die für dein Referat bedeutsam sind, und schlage im **Sachwortregister** nach, ob diese im Buch auftauchen.
- Achte darauf, dass du **verständliche** Texte heranziehst.

Bewertungskriterien: Aktualität · Glaubwürdigkeit der Quelle · Sachlichkeit · Objektivität

Texte überfliegen

Manchmal muss man einen Text überfliegen, um festzustellen, ob er die passenden Informationen enthalten könnte.

- Lass deinen Blick langsam von links oben nach rechts unten gleiten und suche nach Wörtern, die für deine Fragestellung wichtig sind.
- Achte besonders auf **Seitenüberschriften** (Kolumnentitel), die den Inhalt zusammenfassen, auf **Kapitelanfänge** und auf **Zeichnungen, Diagramme** und **Bilder,** die wichtige Stellen des Textes illustrieren.
- Entscheide dann, welche Bücher oder Texte tatsächlich für dein Thema interessant sind.

Quellen und Seitenzahlen notieren, damit du die Stellen später leicht wiederfindest. · Verwendung von Haftnotizzetteln zum Markieren

Informationen verstehen und bearbeiten

Um die ausgewählten Texte oder Textpassagen zu verstehen, müssen diese gezielt bearbeitet werden:

- Lies die ausgesuchten Texte sorgfältig durch und werte sie aus (↑ S. 35 ff., 42 f., 88).
- Nutze verschiedene Techniken, um die Inhalte zu veranschaulichen (↑ S. 83 ff.).

Stichwörter notieren · Randnotizen machen

Tabellen · Diagramme · Mind-Maps (↑ S. 80 f.)

Texte exzerpieren

Von Texten, die in Bezug auf die Aufgabenstellung hilfreich sind, kann man ein **Exzerpt,** d. h. einen wörtlichen oder sinngemäßen Textauszug anfertigen. Denn nur wenn du die Texte wirklich verstanden hast, kannst du dein Wissen auch richtig weitergeben. Ziel eines Exzerpts ist eine übersichtliche Zusammenstellung zentraler Informationen, Thesen, Argumente oder Meinungen.

- Wähle einzelne wesentliche Kapitel, Absätze oder Textpassagen aus.
- Stelle die Informationen auf einem Extrablatt oder auf einer Karteikarte übersichtlich zusammen.

Aufgepasst: Achte bei wörtlichen Textauszügen auf richtiges Zitieren.

Stichwort:	Marseillaise
Schlagwort:	Französische Revolution
Textauszug:	Bedeutung des Revolutionsliedes 1. zeitliche Einordnung 2. Aussagen des Liedtextes 3. Bedeutung der Melodie 4. Bezug zu den Geschehnissen der Revolution 5. Bedeutung des Liedes für das heutige Frankreich
Quelle:	Müller, Heidrun: „Die Marseillaise“

Informationen ordnen und ergänzen

Gliederung

Wer ausreichend Informationen gesammelt, verstanden und bearbeitet hat, muss sie anschließend sinnvoll ordnen, damit die Zuhörer des Referats den Gedanken des Sprechers folgen und die Inhalte ebenfalls verstehen können (↑ S. 82).

Aufbau nach dem Schema:
Einleitung (Herstellung eines Bezugs), Hauptteil (zentrales Thema), Schluss (weitere Aspekte und zusätzliche Informationen)

Achte auf eine **sinnvolle, logische Reihenfolge,** in der du das Thema präsentierst. Eine gute Gliederung erleichtert das Präsentieren ebenso wie zuvor das Verstehen.

Beispiel Goethe:
1. Biografie
2. Werke
3. Einordnung in die Literaturgeschichte

Präsentationsfolie

Was dir selbst geholfen hat, einen Sachverhalt besser zu verstehen, erleichtert auch anderen das Verständnis. Ergänze deinen Vortrag deshalb eventuell durch eine Präsentationsfolie (↑ S. 93) für den Overheadprojektor, die du mithilfe von Scanner und Kopierer erstellen kannst.

Biografie durch ein Foto des Porträtierten ergänzen · Klimadaten durch Säulen- oder Liniendiagramme (↑ S. 84 f.) veranschaulichen

Informationen präsentieren

Formulieren des Referattextes

Notiere dir auf **Karteikarten** oder einem **Redepapier** Stichwörter und wichtige kurze Sätze, die in deinem Vortrag als Leitfaden dienen und die du frei mit Informationen füllen kannst. Fühlst du dich unsicher, formuliere deinen Referattext aus.
Orientiere dich an der gesprochenen Sprache und verwende kurze und verständliche Sätze.
Achte bei deinem Redepapier auf große Zeilenabstände, eine lesbare Schrift und eine klare Gliederung.

Karteikarten können jederzeit umsortiert, aber auch verwechselt werden. – Ein Redepapier legt fest, wie der Vortrag verlaufen soll.

Frei reden

Einen Vortrag frei zu halten, d. h. vor allem, einen Text nicht nur mit gesenktem Kopf abzulesen, erfordert viel **Übung.**

- Halte das Referat vorher mehrmals zu Hause.

vor dem Spiegel · vor einem Familienmitglied

- Überlege und notiere dir einige **prägnante Sätze,** die deine Zuhörer neugierig machen.
- Benenne einleitend das Thema und zähle die Gliederungspunkte auf.
- Setze vorbereitetes **Präsentationsmaterial frühzeitig** ein.

Folie · Dia · Thesenpapier

Sprache, Körperhaltung, Mimik

Versuche, deinen Vortrag abwechslungsreich zu gestalten. So bleiben deine Zuhörer bei der Sache.

- Sprich **deutlich, laut genug** und **nicht zu schnell.**
- Erkläre **Fachbegriffe.** Bleibe dabei kurz und sachlich.
- Stehe möglichst still und halte **Blickkontakt** zu den Zuhörern. Setze Mimik und Gestik angemessen ein.
- Lass dich von **Zwischenfragen** nicht irritieren.

Aufgepasst: Fragen, die nicht sofort beantwortet werden müssen, kannst du zurückstellen und erst am Ende beantworten. Vergiss jedoch nicht, sie wieder aufzugreifen.

Redetipps: kurze, prägnante Sätze · Sprechpausen · Lautstärke und Betonung variieren · freundlich und offen schauen · entspannt sitzen oder stehen

Zwischenfragen notieren

CHECKLISTE: Referat halten

- ☐ Ist die Gliederung deines Vortrags sinnvoll und logisch aufgebaut?
- ☐ Kannst du alle verwendeten Fachbegriffe kurz und sachlich erklären?
- ☐ Kannst du die Hauptthemen deines Vortrags oder Referats kurz und prägnant in eigenen Worten darlegen?
- ☐ Hast du den freien Vortrag geübt und dabei Gestik und Mimik gezielt eingesetzt?
- ☐ Auf welche Erfahrungen bei einem anderen Vortrag kannst du zurückgreifen?

Die Zuhörer deines Referats sollen möglichst viel von dem verstehen, was du referierst. Versuche deshalb, ihre Aufmerksamkeit auf mehreren Ebenen zu erlangen. Das bedeutet, dass du dein Wissen nicht nur über das Hören, sondern z. B. auch über das Sehen in Form einer **Präsentationsfolie** oder eines **Tafelanschriebs** vermitteln solltest. Außerdem kannst du ihnen etwa mit einer Gliederung oder einem **Thesenpapier** das Zuhören sehr erleichtern.

Schriftliche Gliederung

Wenn du über ein sehr umfangreiches Thema referierst, gib deinen Zuhörern eine schriftliche Gliederung an die Hand. In dieser sollte der grundsätzliche Aufbau deines Referats erkennbar sein:

- Einleitung: Nennung des Themas/knappe Übersicht
- Hauptteil: Entwicklung des Themas
- Schluss: Zusammenfassung der Thesen/eigene Beurteilung

Thema: Die Verringerung der Bodenbelastung durch Luftschadstoffe ist ein Beitrag für den Umweltschutz.
Einleitung:
These: „Durch eine Verringerung der Bodenbelastung durch Luftschadstoffe verbessert sich die Zusammensetzung des Bodens und die Qualität der landwirtschaftlichen Produkte steigt.“ Diese These soll anhand der Erläuterungen und Beispiele begründet werden.
Hauptteil:
Erläuterungen/Definitionen/Stichworte: Zusammensetzung des Bodens; Belastung des Bodens, Ursachen für die Bodenbelastung (Abgase, Klärschlamm, Düngemittel usw.); Wirkung von Luftschadstoffen auf den Boden; Versauerung des Bodens, Auswirkungen für angebaute landwirtschaftliche Produkte ...
Schluss:
Bezug zur These herstellen, Diskussionsrunde anregen.

Thesenpapier

Manchmal ist eine Zusammenfassung unterschiedlicher Meinungen oder Thesen sinnvoll. Arbeite mit Tabellen oder anderen grafischen Elementen. So kannst du vorgehen:

- Stelle die unterschiedlichen Thesen vor.
- Stelle gegensätzliche Argumente gegenüber.

Windkraft ja		Windkraft nein
+ erneuerbare Energie	←→	– Verunstaltung der Landschaft
+ keine Schadstoffbelastung		– „Todesfalle“ für Zugvögel

Präsentationsfolie oder Tafelanschrieb

Durch den Einsatz einer Präsentationsfolie oder durch einen Tafelanschrieb bleiben deine Zuhörer aufmerksam und du kannst durch diese Art der Darstellung Informationen übersichtlich und eingängig aufbereiten. Durch den Einsatz mehrerer Folien kannst du für Abwechslung sorgen. Beachte Folgendes:

- Bringe nicht zu viele Informationen auf einer Folie (besser mehrere Folien) oder an der Tafel unter.
- Verwende Grafiken, Diagramme (↑ S. 84 f.), Mind-Maps (↑ S. 80 f.), Bilder und Tabellen (↑ S. 83).

Aufgepasst: Setze nicht zu viele Grafiken oder andere Elemente ein, die von deinem Vortrag ablenken könnten.

Nahrungskette im Waldökosystem (Beispiel)

Fichtenzapfen ⟶ Eichhörnchen ⟶ Baummarder ⟶ Uhu
Haselnuss

In diesem Beispiel kannst du die einzelnen Stufen durch kleine Bildchen aus deinem Biologiebuch ergänzen.

Testfragen

Hier kannst du testen, wie clever du lernst. Zu jeder Frage gibt es genau *eine* richtige Antwort. Wenn du unsicher bist und mehr wissen möchtest, zeigen dir die Seitenverweise am Rand, wo du ausführliche Informationen findest. Die Lösungen stehen auf Seite 109.
Du kannst die Fragen auch als Lernquiz auf dein Handy herunterladen; wie das geht, steht auf der vorderen Umschlagklappe.

Organisation

↑ S. 4 **1** Von welcher Seite sollte das Licht an den Schreibtisch kommen, wenn man Rechtshänder ist?

- ☐ a) Von links.
- ☐ b) Von rechts.
- ☐ c) Von hinten.

↑ S. 15 **2** Was ist ein wichtiger Bestandteil eines persönlichen Zeitmanagements?

- ☐ a) Die Schule geht vor Freizeit.
- ☐ b) Ein realistischer Lernplan.
- ☐ c) Feste Essenszeiten.

↑ S. 6 **3** Wo sollte man seine Fachbücher, Lehrbücher oder Lexika am besten hinstellen?

- ☐ a) Griffbereit in der Nähe des Schreibtischs.
- ☐ b) Im Regal der Eltern.
- ☐ c) Im Schulranzen.

↑ S. 8 **4** Ist Musik beim Erledigen der Hausaufgaben grundsätzlich eine Störquelle?

- ☐ a) Ja.
- ☐ b) Nein, nie.
- ☐ c) Das muss jeder für sich herausfinden.

5 Wie kann man vemeiden, seine Hausaufgaben zu vergessen? ↑S. 63

☐ a) Durch das Führen eines Hausaufgabenheftes.
☐ b) Durch tägliche Anrufe beim Klassenbesten.
☐ c) Indem man sich alles merkt.

6 Wobei kann Nachhilfe nützlich sein? ↑S. 13

☐ a) Um bessere Schüler kennenzulernen.
☐ b) Um Wissenslücken zu schließen.
☐ c) Um Hausaufgaben zu erledigen.

7 Ein persönlicher Lernplan hilft dabei, ... ↑S. 10

☐ a) Aufgaben besser einzuteilen.
☐ b) Aufgaben möglichst zu verhindern.
☐ c) Aufgaben an andere zu delegieren.

8 Was kann man erwarten, wenn der Mathelehrer Aufgaben zur Stoffwiederholung aufgibt? ↑S. 11

☐ a) Das Thema beschäftigt alle noch länger.
☐ b) Der Lehrer wird von der Schulbehörde geprüft.
☐ c) Die nächste Klassenarbeit steht bevor.

9 Was ist in einer Lerngruppe wichtig? ↑S. 12

☐ a) Die Lerngruppe muss stets ein Lehrer leiten.
☐ b) Organisation und feste Regeln.
☐ c) Die Lerngruppe muss immer reihum stattfinden.

10 Wie nennt man die innere Uhr eines jeden Menschen? ↑S. 9

☐ a) Biosensorik.
☐ b) Biozeitplan.
☐ c) Biorhythmus.

11 Wann kann man Unterlagen, die man nicht mehr braucht und vorab aussortiert hat, endgültig entsorgen? ↑S. 5

☐ a) Nach vier Monaten.
☐ b) Nach zwei Wochen.
☐ c) Niemals.

↑ S. 14 **12** Worin besteht der Vorteil von Gruppenunterricht?

☐ a) Man lernt gleichzeitig im Team zu arbeiten.
☐ b) Gute Schulnoten sind garantiert.
☐ c) Man kann beim Lehrer punkten.

↑ S. 16 **13** Welcher Lerntyp lernt Vokabeln am besten, wenn er überall im Zimmer Zettel mit Vokabeln verteilt?

☐ a) Der auditive Lerntyp.
☐ b) Der haptische Lerntyp.
☐ c) Der visuelle Lerntyp.

↑ S. 17 **14** Was bedeutet *haptischer Lerntyp?*

☐ a) Lernen durch Tasten und Greifen (Anfassen).
☐ b) Lernen durch Bewegung.
☐ c) Lernen durch Hören.

↑ S. 62 **15** Die Erledigung von Hausaufgaben ...

☐ a) sollte man unbedingt organisieren.
☐ b) überlässt man einfach dem Lauf der Dinge.
☐ c) stellt man stets hinten an.

↑ S. 46 **16** Wo steht ein Computerbildschirm äußerst ungünstig?

☐ a) Auf einem geeigneten Computertisch.
☐ b) Direkt vor dem Fenster.
☐ c) Auf dem Schreibtisch.

↑ S. 50 **17** Wie lange sollte man maximal am Tag vor dem Computer sitzen?

☐ a) 3 Stunden.
☐ b) 1,5 Stunden.
☐ c) Eine halbe Stunde.

↑ S. 55 **18** Was ist eine sinnvolle Regel für eine Lerngruppe?

☐ a) Jeder kann aus- und einsteigen, wann er will.
☐ b) Alle bleiben beim Thema.
☐ c) Es muss genug zu essen für alle da sein.

19 Welche Frage entscheidet beim Kauf von Lernsoftware als Auswahlkriterium mit? ↑S. 51

☐ a) Stimmen die Systemvoraussetzungen des PCs?
☐ b) Welcher Laden bietet die Lernsoftware an?
☐ c) Haben die Freunde diese Software auch?

20 Welche Lerntechnik passt am besten zum auditiven Lerntyp? ↑S. 17

☐ a) Vokabeln beim Joggen lernen.
☐ b) Vokabeln durch ein Vokabel-Memory® lernen.
☐ c) Vokabeln mit einer Lern-CD lernen.

21 Was ist die richtige Einstellung zum Thema Ordnung? ↑S. 7

☐ a) Nur Anfänger halten Ordnung.
☐ b) Ordnung muss dauerhaft erhalten werden.
☐ c) Ordnung ist ein Zeitkiller.

22 Mit welcher Hausaufgabe sollte man beginnen? ↑S. 64

☐ a) Mit der schwersten Hausaufgabe.
☐ b) Mit einer leichten Hausaufgabe.
☐ c) Alphabetisch nach Fächern.

23 Ein Merkheft zur langfristigen Vorbereitung auf Klassenarbeiten oder Prüfungen enthält ... ↑S. 68

☐ a) wichtige Wettkampftermine.
☐ b) alle Hausaufgaben der Woche.
☐ c) selbst notierte Regelkästen.

24 Was sollte jeder Lernplan berücksichtigen? ↑S. 10

☐ a) Exakte Tagesabläufe.
☐ b) Mittagspausen.
☐ c) Reservezeiten für Unvorhergesehenes.

25 Ordnung sorgt unterm Strich für ... ↑S. 6

☐ a) nutzloses Hin- und Herräumen.
☐ b) Zeitersparnis.
☐ c) Freizeitschwund.

↑S. 5 **26** Was ist der erste Schritt, wenn man seinen Arbeitsplatz neu einrichtet und ordnet?

- ☐ a) Zuerst alle Stifte anspitzen.
- ☐ b) Zuerst alles von der Arbeitsfläche räumen.
- ☐ c) Zuerst alle Lieblingsstücke reinigen.

Lerntechniken

↑S. 18 **27** Etwas so zu verinnerlichen, dass man es aus dem Gedächtnis wiedergeben kann, nennt man ...

- ☐ a) Gehirnjogging.
- ☐ b) Auswendig lernen.
- ☐ c) Lerntraining.

↑S. 24 **28** Wenn man ein Diktat abschließend noch einmal durchliest, sollte man es auch ...

- ☐ a) laut lesen.
- ☐ b) rückwärts lesen.
- ☐ c) querlesen.

↑S. 20 **29** Was sollte man tun, bevor man ein Gedicht auswendig lernt?

- ☐ a) Das Gedicht zuerst abschreiben.
- ☐ b) Das Gedicht unter das Kopfkissen legen.
- ☐ c) Das Gedicht rückwärts lesen.

↑S. 35 **30** Um einen Text zum leichteren Verständnis in sinnvolle Abschnitte zu gliedern, unterteilt man ihn in ...

- ☐ a) Fremdwörter und bekannte Wörter.
- ☐ b) Absätze.
- ☐ c) Hauptthema und Unterthema.

↑S. 22 **31** Was richtet man sich mit den Utensilien Karteikasten, Karteikärtchen und Trennkarten ein?

- ☐ a) Eine Vokabeldatei.
- ☐ b) Ein Vokabelsuchspiel.
- ☐ c) Ein Lernplakat.

32 Wie nennt man die zentralen Begriffe zu einem Thema? ↑ S. 19

☐ a) Hauptwörter.
☐ b) Schlüsselbegriffe.
☐ c) Lernbegriffe.

33 Wohin kommt beim Arbeiten mit einer Vokabeldatei die Karte mit einem nicht gewussten Wort aus Fach 3? ↑ S. 22

☐ a) In Fach 2.
☐ b) In Fach 4.
☐ c) In Fach 1.

34 Welche Methode kann man nutzen, um sich Vokabeln und ihre richtige Aussprache einzuprägen? ↑ S. 23

☐ a) Haftzettelnotizen.
☐ b) Die Aufnahme einer Vokabelkassette.
☐ c) Ein Vokabel-Memory®.

35 Welche Diktat-Übungsform kann man allein anwenden? ↑ S. 25

☐ a) Ein Schleichdiktat.
☐ b) Ein Gruppendiktat.
☐ c) Ein Partnerdiktat.

36 Manche Formeln kann man sich leichter merken, wenn man sie ... ↑ S. 26

☐ a) rückwärts liest.
☐ b) zu kleinen Wörtern ergänzt.

37 Wenn man eine Formel umstellen will, kann man ein ... ↑ S. 27

☐ a) Formelquadrat nutzen.
☐ b) Formeldreieck nutzen.
☐ c) Formelviereck nutzen.

38 *Erst das Wasser, dann die Säure, sonst geschieht das Ungeheure!* Diese Eselsbrücke steht für ... ↑ S. 28

☐ a) die Reihenfolge der Elemente im PSE.
☐ b) das richtige Formulieren von Reimen.
☐ c) das Experimentieren im Chemiesaal.

↑S. 30 **39** Was verknüpft man beim Lernen mit der Loci-Methode?
- ☐ a) Eine Lerneinheit mit einem konkreten Ort.
- ☐ b) Eine Lerneinheit und ähnliche Begriffe.
- ☐ c) Eine Lerneinheit und den Lernzeitpunkt.

↑S. 31 **40** Assoziieren bedeutet, mehrere Informationen ...
- ☐ a) mit einem Ort zu verbinden.
- ☐ b) miteinander zu verknüpfen.
- ☐ c) nacheinander aufzulisten.

↑S. 40 **41** Ein literarischer Text wird nicht nur durch seinen Inhalt definiert, sondern auch durch ...
- ☐ a) seine Länge.
- ☐ b) seine Überschrift.
- ☐ c) seine Form.

↑S. 34 **42** Wenn man einen Sachtext im Biologielehrbuch verstehen will, muss man auch wissen, ...
- ☐ a) welche Bedeutung Abkürzungen haben.
- ☐ b) wer den Text verfasst hat.
- ☐ c) wann der Text geschrieben wurde.

↑S. 21 **43** Wie viele Dinge kann sich das menschliche Gehirn im Durchschnitt auf einmal merken?
- ☐ a) 13 bis 20.
- ☐ b) 20 bis 30.
- ☐ c) 5 bis 9.

↑S. 42 **44** Welche Methode hilft, einen Sachtext zu verstehen?
- ☐ a) Die Show-Down-Methode.
- ☐ b) Die Triple-Text-Methode (3T-Methode).
- ☐ c) Die S-Q-3R-Methode.

↑S. 37 **45** Was ist eine Textparaphrase?
- ☐ a) Die Wiedergabe des Textes mit eigenen Worten.
- ☐ b) Ein persönlicher Kommentar zu einem Text.
- ☐ c) Die Zusammenfassung von Nebensächlichkeiten.

46 Wenn man beim Lesen von Sachtexten zu einzelnen Passagen Fragezeichen notiert, dann bedeutet das: ↑ S. 38

☐ a) Diese Textstellen sind unwichtig.
☐ b) Diese Textstellen sind mir noch unklar.
☐ c) Hier liegt der Verfasser falsch.

47 Die Fähigkeit, einen zusammenfassenden Text inhaltlich zu erfassen, nennt man ... ↑ S. 39

☐ a) Lesekompetenz.
☐ b) Lesbarkeit.
☐ c) Leseschwäche.

48 Was kann man tun, wenn man ein Wort immer wieder falsch schreibt? ↑ S. 33

☐ a) Man versucht, es zu vergessen.
☐ b) Man schreibt es einfach weiter falsch.

49 Was kann man unternehmen, um sein Lesetempo zu steigern? ↑ S. 41

☐ a) Da kann man gar nichts machen.
☐ b) Sogar Kochrezepte und Beipackzettel lesen.
☐ c) Wer schnell rennen kann, liest auch schnell.

50 Wozu sind Unterstreichungen beim Bearbeiten eines Textes sinnvoll? ↑ S. 36

☐ a) Der Text wirkt dann eindrucksvoller.
☐ b) Man findet Kernaussagen später schneller.
☐ c) Man gibt dem Text eine individuelle Note.

51 Welche fünf W-Fragen sollte man grundsätzlich an einen Text richten, um ihn zu verstehen? ↑ S. 43

☐ a) Wodurch – weshalb – wieso – warum – womit?
☐ b) Wo – wohin – woher – wodurch – worum?
☐ c) Wer – was – wie – wann – warum?

↑S. 53 **52** Bei der Internetrecherche nach aktuellem Zahlenmaterial für ein Referat sucht man am besten ...
- ☐ a) im Archiv eines Antiquariats.
- ☐ b) auf der Homepage einer Tageszeitung.
- ☐ c) im SchülerVZ.

↑S. 44 **53** Welche Grundrechenart muss man anwenden, wenn in einer Textaufgabe von *wegnehmen* die Rede ist?
- ☐ a) Die Division.
- ☐ b) Die Addition.
- ☐ c) Die Subtraktion.

↑S. 58 **54** Damit man den Kopf vor dem Lernen frei machen kann, ...
- ☐ a) notiert man wichtige Dinge auf einem Zettel.
- ☐ b) packt man schon einmal die Schultasche.
- ☐ c) plant man erst einmal den Nachmittag.

↑S. 47 **55** *Mit Übersetzungsprogrammen bin ich stets auf der sicheren Seite.* Stimmt die Aussage uneingeschränkt?
- ☐ a) Ja. Übersetzungsprogramme sind totsicher.
- ☐ b) Nein. Auch diese haben Schwachstellen.

↑S. 49 **56** Übungssoftware ist ...
- ☐ a) reine Geldmacherei.
- ☐ b) als Schulstoffergänzung mitunter sinnvoll.
- ☐ c) die einzige Möglichkeit für gute Noten.

↑S. 57 **57** Welcher Slogan passt zu der Aussage: *Sei weniger dagegen, sondern eher dafür.*
- ☐ a) Be careful!
- ☐ b) Think positiv!
- ☐ c) No way out!

↑S. 54 **58** Wie geht man gegen Angst und Stress vor einer Arbeit an?
- ☐ a) Man macht sich eigene Erfolge bewusst.
- ☐ b) Man gönnt sich einen Schokoriegel mehr.
- ☐ c) Man lässt das Lernen einfach sein.

59 Welcher Begriff beschreibt die Möglichkeit, Wissen auf unterhaltsame Weise zu vermitteln? ↑ S. 48

- ☐ a) Entertainer.
- ☐ b) Educator.
- ☐ c) Edutainment.

60 Welches Wort ist ein mathematischer Begriff, eine Mathevokabel? ↑ S. 44

- ☐ a) Hyperaktivität.
- ☐ b) Hypotenuse.
- ☐ c) Hypophyse.

61 Wenn einen ein Lernthema anfangs überhaupt nicht interessiert, sollte man ... ↑ S. 56

- ☐ a) es ignorieren.
- ☐ b) es trotzdem mit Neugier angehen.
- ☐ c) es abhaken.

62 *Google, yahoo* oder *altavista* sind ... ↑ S. 52

- ☐ a) Browser.
- ☐ b) Internetportale.
- ☐ c) Suchmaschinen.

63 Mit welcher Frage fängt man bei einer Textaufgabe an? ↑ S. 44

- ☐ a) Was ist gegeben und gesucht?
- ☐ b) Welche Rechenart muss ich anwenden?
- ☐ c) Wie lang ist der Rechenweg?

64 Nachhilfe ... ↑ S. 59

- ☐ a) ersetzt das Lernen.
- ☐ b) macht die Eltern arm.
- ☐ c) kann in manchen Fällen sinnvoll sein.

65 Was ist ein Fazit? ↑ S. 38

- ☐ a) Eine Anfangshypothese.
- ☐ b) Eine Schlussfolgerung/Zusammenfassung.

↑S. 60 **66** Wie kann man beim Lehrer unabhängig von schriftlichen Noten Punkte sammeln?
- ☐ a) Man zieht sich besonders modisch an.
- ☐ b) Man versucht, nicht zu stören.
- ☐ c) Man stellt Fragen, wenn er etwas erklärt.

↑S. 48 **67** Wofür steht der Begriff Edutainment?
- ☐ a) Unterricht im Sprachlabor.
- ☐ b) Computerunterricht.
- ☐ c) Unterhaltsame Wissensvermittlung.

Schulische Aufgaben

↑S. 70 **68** Nachdem man alle Aufgaben einer Klassenarbeit gründlich gelesen hat, beginnt man am besten ...
- ☐ a) per Zufallsprinzip.
- ☐ b) mit der leichtesten Aufgabe.
- ☐ c) mit der kompliziertesten Aufgabe.

↑S. 52 **69** Welche Umschreibung passt für den Begriff Suchmaschine?
- ☐ a) Internetportal.
- ☐ b) Datenbank.
- ☐ c) Newsgroup.

↑S. 82 **70** Will man in einem Vortrag Thesen und Standpunkte herausstellen, dann gliedert man am besten ...
- ☐ a) tabellarisch der Reihe nach.
- ☐ b) argumentativ nach Pro und Kontra.
- ☐ c) philosophisch nach Epoche.

↑S. 66 **71** Bei der Suche nach einem Begriff im DUDEN oder in einem Lexikon nutzt man das ...
- ☐ a) Inhaltsverzeichnis.
- ☐ b) Stichwortregister.
- ☐ c) Buchstabenregister.

72 Der DUDEN gibt Auskunft über die ... ↑ S. 66

- ☐ a) Geschichte Europas.
- ☐ b) deutsche Rechtschreibung und Zeichensetzung.
- ☐ c) einheimische Pflanzenwelt.

73 Vorzeichen einer Klassenarbeit können sein: ↑ S. 69

- ☐ a) Übungsdiktate.
- ☐ b) Exkursionen.
- ☐ c) der erste Tag des Monats.

74 Was mögen Biologielehrer im Unterricht gar nicht? ↑ S. 60

- ☐ a) Zusammengestellte Beiträge zum Thema.
- ☐ b) Eine aktive Mitarbeit im Unterricht.
- ☐ c) Die Erledigung der Englischhausaufgaben.

75 Wenn man eine Klassenarbeit vermasselt hat, ... ↑ S. 71

- ☐ a) beginnt man möglichst bald mit dem Lernen.
- ☐ b) vergisst man das Ergebnis ganz schnell.
- ☐ c) ist der Lehrer schuld.

76 Welche Schlagworte treffen für die Wiederholung von Lernstoff am ehesten zu? ↑ S. 74

- ☐ a) Stets chronologisch nach Unterrichtsablauf.
- ☐ b) Grundsätzlich von A nach Z vorgehen.
- ☐ c) Systematisch und abwechlungsreich lernen.

77 Am Abend vor einer Klassenarbeit ist es am besten, ... ↑ S. 73

- ☐ a) früh ins Bett zu gehen.
- ☐ b) sämtliche Hobbys auf Eis zu legen.
- ☐ c) intensiv zu lernen.

78 Wenn man in einem konkreten Fach immer wieder schlecht abschneidet, sollte man es ... ↑ S. 72

- ☐ a) ignorieren und auf bessere Lehrer hoffen.
- ☐ b) mit einer Fehleranalyse versuchen.
- ☐ c) abhaken, da jeder einfach Schwächen hat.

↑S. 76 **79** Was beinhaltet der Begriff Recherche?
- ☐ a) Beschaffung von Informationsmaterial.
- ☐ b) Präsentation von Ergebnissen.
- ☐ c) Zusammenfassung von Ergebnissen.

↑S. 77 **80** Wozu eignet sich ein Museum unter anderem, wenn man ein Referat vorbereiten muss?
- ☐ a) Zum Baden.
- ☐ b) Zum Langweilen.
- ☐ c) Zur Informationsbeschaffung.

↑S. 78 **81** Welche Regel gilt für das Zuhören und Mitschreiben im Unterricht?
- ☐ a) Alles wortwörtlich mitschreiben.
- ☐ b) Erst zuhören, dann schreiben.
- ☐ c) Stets die Satzanfänge mitschreiben.

↑S. 80 **82** Wie lässt sich der Begriff Mind-Map umschreiben?
- ☐ a) Gehirnnavigation.
- ☐ b) Gehirnkarte.
- ☐ c) Gedankenlandkarte.

↑S. 81 **83** Was darf man bei einer Mind-Map nicht vergessen?
- ☐ a) Die Zweige miteinander zu verbinden.
- ☐ b) Begriffe grundsätzlich in Kreise zu setzen.
- ☐ c) Jedem Begriff eine andere Farbe zu geben.

↑S. 82 **84** Wie gliedert man Informationen zur Biografie eines Komponisten meistens?
- ☐ a) Argumentativ.
- ☐ b) Alphabetisch.
- ☐ c) Chronologisch.

↑S. 65 **85** Die Erstellung eines Lernposters ist eine Möglichkeit, um ...
- ☐ a) aktiv zu lernen.
- ☐ b) der Streber der Klasse zu werden.
- ☐ c) die Zimmerwände hübsch zu gestalten.

86 Was bedeutet es, Informationen zu visualisieren? ↑ S. 83

☐ a) Informationen optisch aufbereiten.
☐ b) Informationen durch Musik untermalen.
☐ c) Informationen mitschreiben.

87 Worin besteht der Vorteil von Karteikärtchen als Redevorlage für ein Referat? ↑ S. 90

☐ a) Sie legen die Reihenfolge des Vortrags fest.
☐ b) Man kann besser frei reden.
☐ c) Man kann sie jederzeit flexibel umsortieren.

88 Mit welcher Darstellungsform lässt sich der Anteil an einem Ganzen am anschaulichsten darstellen? ↑ S. 84

☐ a) Durch ein Flussdiagramm.
☐ b) Durch eine Mind-Map.
☐ c) Durch ein Kuchen- oder Kreisdiagramm.

89 Wie kann man ein Referat anschaulich präsentieren? ↑ S. 93

☐ a) Durch eine Gliederung.
☐ b) Durch eine Präsentationsfolie.
☐ c) Durch vorgelesene Zitate.

90 Wie lange sollte ein Kurzreferat in etwa dauern? ↑ S. 86

☐ a) 10 bis 15 Minuten.
☐ b) 5 bis 10 Minuten.
☐ c) 20 bis 25 Minuten.

91 Was ist ein Bewertungskriterium bei der Auswahl von Informationen für ein Referat? ↑ S. 86

☐ a) Proportionalität.
☐ b) Aktualität.

92 Eine gute Reihenfolge beim Erstellen eines Referats ist ... ↑ S. 86

☐ a) Informationen auswählen, verstehen, ordnen.
☐ b) Informationen verstehen, auswählen, ordnen.
☐ c) Informationen ordnen, verstehen, auswählen.

↑S. 90 **93** Was steht am Ende der Vorbereitungen für ein Referat?
- ☐ a) Die Analyse.
- ☐ b) Die Kernaussage.
- ☐ c) Die Präsentation.

↑S. 88 **94** Wie nennt man die Anfertigung eines eigenen wörtlichen oder sinngemäßen Textauszugs?
- ☐ a) Expertise.
- ☐ b) Exzerpt.
- ☐ c) Konzept.

↑S. 89 **95** Wie gliedert man ein Referat sinnvoll?
- ☐ a) Fazit – Begründung – These.
- ☐ b) Kernaussage – Nebenthemen – Begründung.
- ☐ c) Einleitung – Hauptteil – Schluss.

↑S. 90 **96** Worin besteht der Nachteil von Karteikärtchen als Redevorlage für ein Referat?
- ☐ a) Man kann sie aus Versehen vertauschen.
- ☐ b) Sie legen die Reihenfolge des Vortrags fest.

↑S. 83 **97** Um Sortierungen und Vergleiche zu veranschaulichen, eignet sich ...
- ☐ a) eine Mind-Map.
- ☐ b) eine Tabelle.
- ☐ c) ein Diagramm.

↑S. 92 **98** Was gibt man an die Zuhörer eines Referats aus?
- ☐ a) Ein Hand-out.
- ☐ b) Ein Give-away.
- ☐ c) Einen Flyer.

↑S. 85 **99** Sinnzusammenhänge veranschaulicht man am besten durch ein ...
- ☐ a) Flussdigramm.
- ☐ b) Liniendiagramm.
- ☐ c) Kurvendiagramm.

Lösungen

Organisation

1 a)	14 a)
2 b)	15 a)
3 a)	16 b)
4 c)	17 b)
5 a)	18 b)
6 b)	19 a)
7 a)	20 c)
8 c)	21 b)
9 b)	22 b)
10 c)	23 c)
11 b)	24 c)
12 a)	25 b)
13 c)	26 b)

Lerntechniken

27 b)	48 a)
28 b)	49 b)
29 a)	50 b)
30 c)	51 c)
31 a)	52 b)
32 b)	53 c)
33 c)	54 a)
34 b)	55 b)
35 a)	56 b)
36 b)	57 b)
37 b)	58 a)
38 c)	59 c)
39 a)	60 b)
40 b)	61 b)
41 c)	62 c)
42 a)	63 a)
43 c)	64 c)
44 c)	65 b)
45 a)	66 c)
46 b)	67 c)
47 a)	

Schulische Aufgaben

68 b)	84 c)
69 b)	85 a)
70 b)	86 a)
71 c)	87 b)
72 b)	88 c)
73 a)	89 b)
74 c)	90 b)
75 a)	91 b)
76 c)	92 a)
77 a)	93 c)
78 b)	94 b)
79 a)	95 c)
80 c)	96 a)
81 b)	97 c)
82 c)	98 a)
83 a)	99 a)

Bibliografische Information der Deutschen Nationalbibliothek
Die Deutsche Nationalbibliothek verzeichnet diese Publikation in der Deutschen Nationalbibliografie; detaillierte bibliografische Daten sind im Internet über http://dnb.ddb.de abrufbar.

Das Wort **Duden** ist für den Verlag Bibliographisches Institut & F. A. Brockhaus AG als Marke geschützt.

Alle Rechte vorbehalten. Nachdruck, auch auszugsweise, vorbehaltlich der Rechte, die sich aus den Schranken des UrhG ergeben, nicht gestattet. Für die Nutzung des kostenlosen Downloadangebots zum Buch gelten die Allgemeinen Geschäftsbedingungen (AGB) des Internetportals www.schuelerlexikon.de, die jederzeit unter dem entsprechenden Eintrag abgerufen werden können.

2., aktualisierte und erweiterte Auflage

© 2009 Bibliographisches Institut & F. A. Brockhaus AG, Mannheim, und DUDEN PAETEC GmbH, Berlin

Redaktionelle Leitung Heike Krüger-Beer
Redaktion Claudia Fahlbusch
Autoren Linda Strehl, Marion Krause

Herstellung Annette Scheerer
Typografisches Konzept Horst Bachmann
Illustrator Peter Lohse, Büttelborn
Umschlaggestaltung Michael Acker

Satz Robert Turzer, Tübingen
Druck und Bindung Offizin Andersen Nexö Leipzig GmbH
Printed in Germany

F E D C B A

ISBN 978-3-411-70562-7

Schneller heller!

Das SMS – Schnell-Merk-System gibt es für alle wichtigen Schulfächer. Jetzt kostenlos zu den neuen Bänden der 5. bis 10. Klasse: das Handy-Lernquiz mit jeweils 100 Testfragen zu den wichtigsten Themen.

Deutsch

- Deutsch Rechtschreibung
  ISBN 978-3-411-72543-4
- Deutsch Diktat
  ISBN 978-3-411-72503-8
- Deutsch Grammatik
  ISBN 978-3-411-70582-5
- Deutsch Aufsatz
  ISBN 978-3-411-70602-0

Fremdsprachen

- Englisch Grammatik
  ISBN 978-3-411-72513-7
- Englisch Vokabeltrainer
  ISBN 978-3-411-72632-5
- Französisch Grammatik
  ISBN 978-3-411-72523-6
- Französisch Vokabeltrainer
  ISBN 978-3-411-72642-4
- Latein Grammatik
  ISBN 978-3-411-70622-8
- Latein Vokabeltrainer
  ISBN 978-3-411-73081-0
- Spanisch Grammatik
  ISBN 978-3-411-70542-9

Methodik

- Clever lernen
  ISBN 978-3-411-70562-7

Mathematik

- Mathematik
  ISBN 978-3-411-70352-4

Naturwissenschaften

- Physik
  ISBN 978-3-411-72533-5
- Chemie
  ISBN 978-3-411-72493-2
- Biologie
  ISBN 978-3-411-70299-2

Geschichte

- Geschichte
  ISBN 978-3-411-70329-6

SMS auch fürs Abi! Mehr Infos unter:
www.schuelerlexikon.de

Stichwortfinder